Jennifer Korte

# Erfolgreiches Onboarding für Unternehmen

## Wie ein guter Einstieg die Mitarbeiterbindung und Leistung verbessert

**Bibliografische Information der Deutschen Nationalbibliothek:**

Die Deutsche Nationalbibliothek verzeichnet diese Publikation in der Deutschen Nationalbibliografie; detaillierte bibliografische Daten sind im Internet über http://dnb.d-nb.de abrufbar.

**Impressum:**

Copyright © Science Factory 2019

Ein Imprint der Open Publishing GmbH, München

Druck und Bindung: Books on Demand GmbH, Norderstedt, Germany

Covergestaltung: Open Publishing GmbH

# Inhaltsverzeichnis

Abbildungs- und Tabellenverzeichnis .................................................................. IV
1 Einführung in die Thematik .................................................................................. 1

    1.1 Problemstellung .................................................................................................. 2
    1.2 Zielsetzung und Aufbau dieser Arbeit ............................................................. 4

2 Theoretische Grundlagen der Integration .......................................................... 6

    2.1 Definition Onboarding ....................................................................................... 6
    2.2 Stufen der Integration ........................................................................................ 7
    2.3 Instrumente und Maßnahmen ........................................................................ 10
    2.4 Integrationsprobleme ...................................................................................... 17

3 Ziele und Nutzen des Onboarding ...................................................................... 21

    3.1 Rollenklarheit: .................................................................................................. 23
    3.2 Beherrschung der Aufgaben: ......................................................................... 23
    3.3 Integration in die Arbeitsgruppe: .................................................................. 23
    3.4 Generelle Arbeitszufriedenheit: .................................................................... 24
    3.5 Commitment/Loyalität: ................................................................................... 24
    3.6 Engagement: ..................................................................................................... 25
    3.7 Verbleib in der Organisation: ......................................................................... 25
    3.8 Politische Fertigkeiten: ................................................................................... 26

4 Zusammenhang zwischen Onboarding und Mitarbeiterbindung / -performance ................................................................................................................. 27

    4.1 Kündigungsquote und ihre Gründe ............................................................... 28
    4.2 Umfang von Onboarding-Aktivitäten ............................................................ 36
    4.3 Messbare Variablen als Bindungs- und Performancefaktor ..................... 42

5 Fazit ........................................................................................................................... 54
Anhang ........................................................................................................................ 56
Literaturverzeichnis ................................................................................................ 58

## Abbildungs- und Tabellenverzeichnis

Abbildung 1 – „Schwierige Suche nach qualifizierten Mitarbeitern" ................................ 3

Abbildung 2 - "Onboarding-Prozess" ................................................................................ 11

Abbildung 3 - "Auswirkungen mangelnder Mitarbeiterintegration" ............................. 19

Abbildung 4 - "Ziele des Onboarding" .............................................................................. 21

Abbildung 5 - "Erfolgskriterien für Mitarbeiterintegration" ........................................... 22

Abbildung 6 - "TOP-Kündigungsgründe" .......................................................................... 35

Abbildung 7 - "TOP-Onboarding-Maßnahmen" ............................................................... 41


Tabelle 1 - "Q12-Aspekte der emotionalen Bindung" ..................................................... 49

Tabelle 2 - "Checkliste" ...................................................................................................... 57

# 1 Einführung in die Thematik

Die Vorstellungsgespräche sind abgeschlossen, die Entscheidung für den neuen künftigen Mitarbeiter[1] ist gefallen und der Arbeitsvertrag von beiden Seiten unterzeichnet. Was passiert nun? Die Neueinstellung ist damit längst nicht abgeschlossen. Ganz im Gegenteil: Mit Unterschrift des Arbeitsvertrages beginnt ein weiterer entscheidender Prozess, den Neueinsteiger erneut zu gewinnen. Es handelt sich dabei um den Einarbeitungs- und Integrationsprozess des neuen Mitarbeiters.

Diese Mitarbeiterintegration, das sog. „Onboarding", spielt im Personalmanagement eine wichtige Rolle. Welche psychologischen Prozesse werden bei der Integration ausgelöst? Welche Erwartungen gilt es von Seiten des Unternehmens und des Mitarbeiters zu erfüllen, um eine gegenseitige Bindung aufzubauen? Laut Janssen liegen die Voraussetzungen für die Entwicklung eines leistungsfähigen Mitarbeiters in der optimalen Organisation und Betreuung des qualifizierten Bewerbers. Wertschätzung seitens des Unternehmens sowie eine gute Einführung in das zukünftige Tätigkeitsfeld sind dabei von großer Bedeutung. Die Bereitstellung von umfassenden Informationen über das Unternehmen und dessen Arbeitsabläufe werden dafür benötigt. Erst wenn Vertrauen aufgebaut und der Mitarbeiter soziale Kontakte knüpfen kann, kann das emotionale Bindungsgefühl zum Unternehmen gestärkt werden.[2]

Die vorliegende Arbeit beschäftigt sich mit dem Integrationsprozess neuer Mitarbeiter in ein Unternehmen. Es wird untersucht, ob es einen messbaren Zusammenhang gibt zwischen einem Onboarding-Prozess und der Verweildauer sowie der Performance des integrierten Mitarbeiters.

Nachfolgend wird zunächst die Problemstellung der Thematik erörtert und die Zielsetzung dieser Arbeit beschrieben.

---

[1] Der Einfachheit halber und für eine leichtere Lesbarkeit wurde in der gesamten Arbeit ausschließlich die männliche Form verwendet.
[2] Vgl. Janssen, 2011, 181 f.

## 1.1 Problemstellung

Die deutschen Unternehmen stehen nicht zuletzt aufgrund des demografischen Wandels vor großen Herausforderungen. Der demografische Wandel beschreibt die Veränderung einer Bevölkerung. Die Entwicklung der Geburtenrate, der Lebenserwartung sowie des Wanderungssaldos wird statistisch ermittelt und jeweils zueinander ins Verhältnis gesetzt. In Deutschland begann der demografische Wandel vor ungefähr 100 Jahren.[3]

Bedingt durch den sog. „Pillenknick" in den späten 1960ern verringerte sich die Geburtenrate stark, die Lebenserwartung hingegen stieg an, sodass die Bevölkerungsrate bis 2060 auf 67,6 Millionen (bei schwächerer Zuwanderung) bzw. 73,1 Millionen (bei stärkerer Zuwanderung) sinken wird.[4] Die jährlichen Geburten können keinen Ausgleich zu den jährlichen Sterbefällen erreichen. Selbst ein positiver Wanderungssaldo kann einen Bevölkerungsrückgang in Deutschland nicht vermeiden.[5]

Diese Entwicklung wird auch große Auswirkungen auf den Arbeitsmarkt haben. Das sog. Erwerbspersonenpotenzial, also die Gesamtzahl der Arbeitskräfte, die dem Arbeitsmarkt theoretisch zur Verfügung stehen, sinkt. Aufgrund der immer älter werdenden Altersstruktur der erwerbstätigen Personen, verändert sich die Belegschaftsstruktur in den Unternehmen. Das hat wiederum zur Folge, dass das Angebot der qualifizierten Fachkräfte zurückgeht.[6] Als Fachkräfte werden die Personen bezeichnet, die eine anerkannte akademische Ausbildung oder eine anerkannte, mindestens zweijährige Berufsausbildung verzeichnen können.[7] Sie haben im Zuge der Globalisierung und der technologischen Weiterentwicklung immer mehr an Bedeutung gewonnen. Unternehmen müssen innovativ bleiben, um ihre Wettbewerbs-fähigkeit zu sichern. Die Qualifikationsanforderung an Arbeitsplätzen wächst und somit steigt wiederum der Fachkräftebedarf.[8] Leistungsvermögen und Bindungsbereitschaft des Personals sind ein wichtiger Wettbewerbsfaktor für Unternehmen geworden.[9]

---

[3] Vgl. Preißing, 2014 S. 5.
[4] Vgl. Destatis, 2015, S. 6.
[5] Vgl. Wirtschaftsdienst, 2016, S. 221.
[6] Vgl. Bundesagentur für Arbeit, 2011, S. 3.
[7] Vgl. Bott/Helmrich/Zika, 2011, S. 12.
[8] Vgl. Preißing, 2010, S. 26.
[9] Vgl. Janssen, 2011, S. 78.

Die nachfolgende Abbildung zeigt, dass es für Unternehmen immer schwieriger wird, qualifizierte Mitarbeiter zu finden.

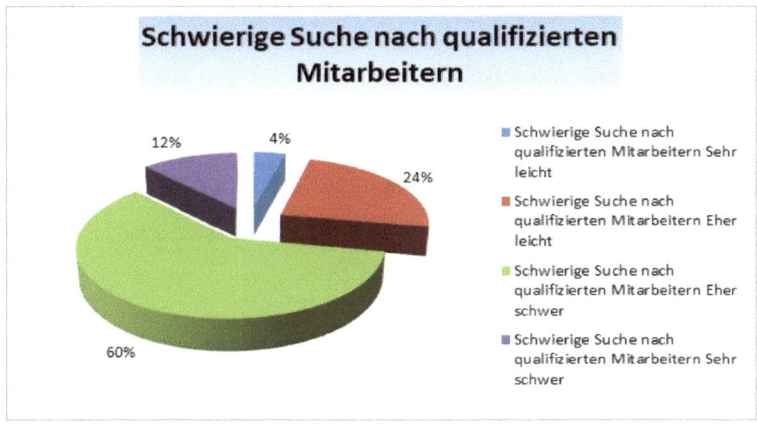

Abbildung 1 – „Schwierige Suche nach qualifizierten Mitarbeitern"
Eigene Darstellung in Anlehnung an Ernst & Young[10]

Von insgesamt 700 Unternehmen sehen 72 % die Suche nach qualifizierten Mitarbeitern als „eher schwer" bis „sehr schwer". Lediglich 28 % empfinden die Suche als „eher leicht" bis „sehr leicht".[11]

Die Entwicklung des Faktors Mensch zu einer knappen Ressource stellt Unternehmen vor eine nicht zu unterschätzende Herausforderung.[12] Die Konkurrenz, qualifiziertes Personal zu gewinnen, wird zwischen den Unternehmen immer größer. Der hohe Bedarf an Fachkräften und das gleichzeitig sinkende Angebot führen dazu, dass die Attraktivität der Arbeitsplätze und der Arbeitsbedingungen starken Einfluss auf die Entscheidung der Bewerber haben. Anforderungen und Erwartungen an Arbeitsinhalte und Unternehmenskulturen sind gestiegen. Die Arbeit an sich steht nicht mehr allein im Fokus bei der Wahl für einen neuen Arbeitgeber. Die Unternehmen müssen sich deutlich mehr und intensiver um ihre Bewerber

---

[10] Vgl. Ernst & Young, 2011, S. 9.
[11] Vgl. Ernst & Young, 2011, S. 9.
[12] Vgl. Knecht, 2016, S. 16.

bemühen, um diese für sich zu gewinnen.[13] Eine erfolgreiche Mitarbeitergewinnung macht allerdings ohne Mitarbeiterbindung keinen Sinn.[14] Und diese kann sich wiederum erst dann entwickeln, wenn der Mitarbeiter erfolgreich und schnell in die neue Organisation integriert wird. Nur wenn sich der Mitarbeiter wohl fühlt, arbeitet er produktiv und trägt zum Unternehmenserfolg bei. Ohne entsprechende Integrationsmaßnahmen ist der kurzfristige Verlust von guten Mitarbeitern vorprogrammiert und ein hoher Zeit- und Geldaufwand für die Rekrutierung verschwendet.[15]

„Leistungsfähigkeit, Lern- und Entwicklungsbereitschaft der Mitarbeiter sind Schlüssel-faktoren des Unternehmenserfolgs."[16]

## 1.2 Zielsetzung und Aufbau dieser Arbeit

Die vorliegende Arbeit beschäftigt sich mit dem bedeutsamen Thema Onboarding. Die Relevanz von Onboarding ist heutzutage aktueller denn je. Der zuvor beschriebene fortschreitende demografische Wandel, der damit zusammenhängende Fachkräftemangel und die damit einhergehenden Veränderungen auf dem Arbeits-/ bzw. Bewerbermarkt zwingen Unternehmen dazu, im Rahmen ihrer Rekrutierung und später Onboarding-Prozesse neue, auf den Bewerber ausgerichtete Wege zu gehen. Die Relevanz von Onboarding wird in der aktuellen Forschung vielmals unterstrichen (vgl. Kapitel 4). Es wurde aufgezeigt, wie schwierig es geworden ist, qualifizierte Mitarbeiter zu gewinnen und vor allem diese zu halten.

Ziel dieser Arbeit ist es, festzustellen, ob ein professionell eingesetzter Onboarding-Prozess Auswirkungen auf eine lange Verweildauer des Mitarbeiters im Unternehmen hat und ob bzw. welche Auswirkungen ein gutes Onboarding auf die Leistung der Mitarbeiter hat. Hierzu werden in der vorliegenden Arbeit u.a. Forschungsberichte und Studien hinzugezogen. Der Vergleich der empirischen Ergebnisse soll dabei helfen, einen möglichen Zusammenhang zwischen dem Onboarding und der Mitarbeiterbindung herzustellen.

Die nachfolgend vorgestellten theoretischen Grundlagen sollen zunächst als Einführung dienen, was laut einschlägiger Fachliteratur unter dem Begriff Onboarding

---

[13] Vgl. Nerdinger et al., 2016, S. 18.
[14] Vgl. Bröckermann, 2003, S. 158.
[15] Vgl. Aygen, 2015, S. 6.
[16] Becker, 2009, S. 11.

zu verstehen ist. Dabei wird mit der Definitionserläuterung begonnen. Anschließend werden die Stufen des Integrationsmanagements vorgestellt, die als Schwerpunkte für die individuellen Voraus-setzungen des Einzelnen Berücksichtigung finden sollen. Des Weiteren folgt anhand der angeführten Literatur eine Aufzählung und Erläuterung hilfreicher Maßnahmen und Instrumente für eine Mitarbeiterintegration. Im Nachfolgenden werden Gründe und Konse-quenzen beschrieben, die bei mangelhafter oder fehlender Integration auftreten. Kapitel 3 beschäftigt sich mit den Zielen des Onboarding. In diesem Zusammenhang werden außerdem relevante Erfolgskriterien beschrieben, an denen die Ziele gemessen werden können. In Kapitel 4 geht es sodann um die Messung eines Zusammenhangs zwischen Onboarding und Mitarbeiterbindung / -performance. Für diesen Punkt wurden die Ergebnisse aus verschiedenen Studien und Umfragen analysiert und miteinander verglichen. Zwecks der Verdeutlichung der Problemstellung beginnt Kapitel 4 mit den Kündigungsquoten und ihren Gründen. Der nächste Punkt umfasst die Rechercheergebnisse über den Umfang von Onboarding-Aktivitäten, die in den befragten Unternehmen angeboten werden. Im Anschluss daran wird anhand der herangezogenen Umfrageergebnisse aufgezeigt, welche Faktoren ausschlag-gebend für eine emotionale Bindung an die Unternehmen sind.

## 2 Theoretische Grundlagen der Integration

Der Einsatz der richtigen Mitarbeiter am richtigen Arbeitsplatz ist eine der wichtigsten Voraussetzungen für den Unternehmenserfolg. Einerseits muss der Mitarbeiter die entsprechenden Qualifikationen für das zu vergebende Tätigkeitsfeld mitbringen, anderer-seits bedeutet dies gleichzeitig für Unternehmen, zunächst in diesen Mitarbeiter zu investieren, und zwar in Form von Betreuung, Informationsbereitstellung sowie Wert-schätzung.[17] Ein Einarbeitungsprozess kann als erfolgreich bezeichnet werden, wenn der Mitarbeiter im Anschluss daran seine Aufgaben kennt, mit der Unternehmenskultur vertraut ist und eine hohe Bindung zum Unternehmen entwickelt hat.[18]

Für ein erstes Verständnis wird daher nachfolgend zunächst der Begriff Onboarding definiert. Anschließend werden weitere theoretischen Grundlagen zum Thema Onboarding dargelegt. Hierzu zählen die Stufen des Onboarding-Prozesses, die Instrumente und Maßnahmen, die dafür eingesetzt werden sowie die Indikatoren, die nach einschlägiger Fachliteratur einen Onboarding-Prozess positiv beeinflussen. Weiterhin werden Faktoren und Konsequenzen erläutert, die auf eine mangelnde Integration zurückzuführen sind.

### 2.1 Definition Onboarding

Die Einführung eines neuen Mitarbeiters in Unternehmen ist eine bedeutsame Aufgabe insbesondere in organisatorischer Hinsicht. Der Begriff Onboarding beschreibt diese Mitarbeitereinführung und heißt wörtlich übersetzt „das An-Bord-Nehmen".[19] Weitere Synonyme für Onboarding lauten u.a. Eingliederung, Implacement oder Integration. Es handelt sich dabei um einen Prozess, in dem die einzelnen Phasen vom Einstieg eines Mitarbeiters in ein Unternehmen, über die Einarbeitung bis hin zur vollständigen Integration durchlaufen werden. Dieser Prozess entscheidet über die weitere Entwicklung des Mitarbeiters und zwar dahingehend, ob und wenn ja, wie dieser dem Unternehmen erhalten bleibt. Kann der Mitarbeiter innerhalb des Integrationsvorgangs Loyalität gegenüber dem Unternehmen entwickeln und fühlt er sich wohl und motiviert, wird er mit hoher Wahrscheinlichkeit

---

[17] Vgl. Brenner, 2014, S. 4.
[18] Vgl. Kieser, 2003, S. 184.
[19] Vgl. Wikipedia, 2016.

als Angestellter im Unternehmen verbleiben und einen positiven Beitrag zum Image des Unternehmens leisten.[20]

Feldmann beschreibt den Begriff der Integration als ein Zusammenspiel aus drei Komponenten, die während der Anfangsphase in einem neuen Unternehmen auftreten. Diese lauten Rollenklarheit, Selbstwirksamkeit und soziale Akzeptanz. Bei der Rollenklarheit geht es um das Verständnis der Tätigkeit und der Zuständigkeiten. Der Mitarbeiter muss die Bedeutung sowie den Inhalt seiner Arbeitsaufgaben begreifen. Die Selbstwirksamkeit hat zum Ziel, dass der neue Mitarbeiter Zutrauen in seine Fähigkeiten in der neuen Funktion gewinnt. D.h. er muss seine Aufgaben und seine Position zunehmend lernen zu beherrschen. Das Erreichen der sozialen Akzeptanz beschreibt die Integration des neuen Mitarbeiters in die eigene Arbeitsgruppe. Dabei soll er Vertrauen erwerben, von den Teammitgliedern gemocht werden und sich selbst wohlfühlen.[21]

Die Integration ist außerdem als ein Teil der Personalbedarfsdeckungskette zu verstehen. Begonnen wird mit der Stellenanforderung, die Grundlage für die Gewinnung neuer Mitarbeiter ist.

Nach der Vorselektion der eingegangenen Bewerbungen sowie der darauffolgenden Eignungsdiagnose kommt es (unter der Voraussetzung, dass sich der Bewerber ebenfalls dafür entscheidet) zur Schließung des Arbeitsvertrages und zur Einstellung des auserwählten Bewerbers. Die Einführung neuer Mitarbeiter bzw. die Integration ist daher die vierte Stufe der Personalbedarfsdeckungskette. Sie beginnt nämlich spätestens mit Unterzeichnung des Arbeitsvertrages.[22]

## 2.2 Stufen der Integration

Die nach Feldmann zuvor beschriebene Definition des Begriffs Integration wird mit den sog. Stufen der Integration noch einmal untermauert. Individuelle Voraussetzungen des Einzelnen müssen bei der Einführung eines neuen Mitarbeiters berücksichtigt werden. Nachfolgend werden die drei Integrationsstufen bezüglich „fachlicher", „sozialer" und „wertorientierter" Schwerpunkte erläutert, die für einen erfolgreichen Onboarding-Prozess maßgebend sind.[23]

---

[20] Vgl. Schiffer, 2017, S. 6.
[21] Vgl. Feldmann, 1981, zitiert nach Lohaus/Habermann, 2016, S. 15.
[22] Vgl. Lohaus/Habermann, 2016, S. 23 f.
[23] Vgl. Brenner, 2014, S. 8.

## 2.2.1 Fachliche Stufe:

Die fachliche Stufe bezieht sich auf die Einarbeitung des Mitarbeiters in sein neues Tätigkeitsfeld. Hierzu gehört insbesondere die Wissensaneignung von Unternehmensstruk-turen, -zielen und -prozessen. Weiterhin relevant ist das Kennenlernen der für seine Arbeit bedeutsamen Kollegen aus den bestimmten Fachbereichen.

Damit erlangt der neue Mitarbeiter sodann das erforderliche Know-how, welches für sein Aufgabengebiet vorausgesetzt wird. Insgesamt werden dem Mitarbeiter eine schnelle Arbeitsaufnahme und das Verständnis von arbeitsrelevanten Daten und Fakten ermöglicht. Zudem impliziert die fachliche Integration Kenntnisse über die Organisationsstrukturen.[24]

## 2.2.2 Soziale Stufe:

Auf der sozialen Stufe geht es – wie der Name bereits verrät – um die soziale Eingliederung des Mitarbeiters. Hierbei lernt er die anderen Teams, Vorgesetzte sowie interne und externe Kunden kennen. Das Knüpfen der sozialen Kontakte erleichtert dem Mitarbeiter die Akzeptanz und das Verständnis der Unternehmenskultur.[25]

Die soziale Integration erfolgt laut des Psychologen Tuckmann in vier Phasen. In der ersten Phase (= Forming) lernt der neue Mitarbeiter die Teammitglieder kennen. Dieses Kennen-lernen ist meist mit großer Unsicherheit und der Sorge verbunden, nicht akzeptiert zu werden. Übliche anfängliche Konflikte bilden sich in der zweiten Phase (= Storming). Hierbei geht es u.a. um die Nichtübernahme von Verantwortung für bestimmte Aufgaben sowie die Nichtanerkennung von übergeordneten Teammitgliedern.

In der dritten Phase (= Norming) entstehen die informellen und formellen Verhaltensregeln sowie die Zustimmung der Gruppenstandards. Die Erbringung der vollständigen Leistungs-fähigkeit der gesamten Gruppe und die Verfolgung gemeinsamer Ziele sind dann in der vierten Phase (= Performing) erreicht.[26] Auf diese Weise soll auf beiden Seiten das erforderliche Zusammengehörigkeitsgefühl ermöglicht und vermittelt werden.[27] Bei der sozialen Integration wird demnach das Ziel

---

[24] Vgl. dsb, S. 7.
[25] Vgl. dsb.
[26] Vgl. Tuckmann, 1965, zitiert nach Schiffer, 2017, S 25.
[27] Vgl. Brenner 2014, S. 7.

verfolgt, dass sich der neue Mitarbeiter sicher bewegen kann, sich wohlfühlt und im Unternehmen bleibt.[28]

### 2.2.3 Wertorientierte Stufe:

Die wertorientierte Integration ist ein langandauernder Prozess. Dabei wird dem Mitarbeiter die „corporate identity" vermittelt.[29] Die corporate identity ist das Selbstbild eines Unter-nehmens. Sie stellt die kennzeichnenden Merkmale eines Unternehmens dar, mit denen sich dieses von anderen Unternehmen unterscheidet.[30] Die wertorientiere Stufe ist langfristig angesetzt, da dem Mitarbeiter dabei die Unternehmensphilosophie bzw. die gelebten Unternehmenswerte vermittelt werden sollen. Diese lassen sich meist erst nach einer gewissen Zeit erschließen.[31]

Die soziale sowie die wertorientierte Integration sind von den vorgenannten Stufen besonders zu berücksichtigen. Das Fehlen eines „Wir-Gefühls" oder die unterschiedlichen Vorstellungen begründen in den meisten Fällen eine frühzeitige Kündigung.[32] Dieses Risiko kann mit einem erfolgreichen Onboarding zumindest eingedämmt werden. Mit einer fachlichen, sozialen und wertorientierten Integration wird der neue Mitarbeiter darin unterstützt, sich zügig mit dem Unternehmen zu identifizieren und produktiver zu arbeiten. Es wird ein wertvoller Grundstein für die langfristige Mitarbeiterbindung gelegt.[33]

---

[28] Vgl. Lohaus/Habermann, 2016, S. 15.
[29] Vgl. Brenner, 2014, S. 8.
[30] Vgl. Wikipedia, 2018.
[31] Vgl. Brenner, 2014. S. 8.
[32] Vgl. dsb.
[33] Vgl. Hölscher, 2017, S. 4.

## 2.3 Instrumente und Maßnahmen

Ein neuer Mitarbeiter hat an seinem ersten Arbeitstag meist folgende Fragen:
- Wer und wie sind meine Kollegen?
- Welche genauen Aufgaben werden mir zugeteilt?
- Werde ich von meinen Kollegen akzeptiert?

Für die Beantwortung dieser infolge von Unsicherheit gestellten Fragen ist der Einsatz von Instrumenten und bestimmten Maßnahmen seitens des Unternehmens unabdingbar. Instrumente und Maßnahmen werden zusammen als Einführungsprogramm bezeichnet.

Dieses findet in Form von fachlicher sowie sozialer Eingliederung statt. Die beiden Eingliederungsphasen wurden bereits in Kapitel 2.2 erläutert. Der neue Mitarbeiter muss die ihm zugeteilten Aufgaben kennen und bewältigen. Zudem ist er auf gute soziale Kontakte angewiesen, um Loyalität und eine Bindung zum Unternehmen aufbauen zu können. Die Art und Weise der Mitarbeiterintegration ist prägend für das Arbeitsverhältnis.[34] Mit den Maßnahmen und Instrumenten werden mehrere Ziele verfolgt, sie haben unterschiedliche Funktionen. Dabei geht es u.a. um die Vermittlung von Wissen und Orientierung, das Fördern von Leistungserbringung sowie das Kommunizieren des Zugehörigkeitsgefühls, der Akzeptanz und der Wertschätzung.[35]

Der Onboarding-Prozess beginnt bereits vor dem ersten Arbeitstag. Abbildung 2 zeigt die wichtigsten Maßnahmen und Instrumente zur erfolgreichen Mitarbeiterintegration.

---

[34] Vgl. Wien/Franzke, 2013, S. 56 f.
[35] Vgl. Moser et al., 2018, S. 63.

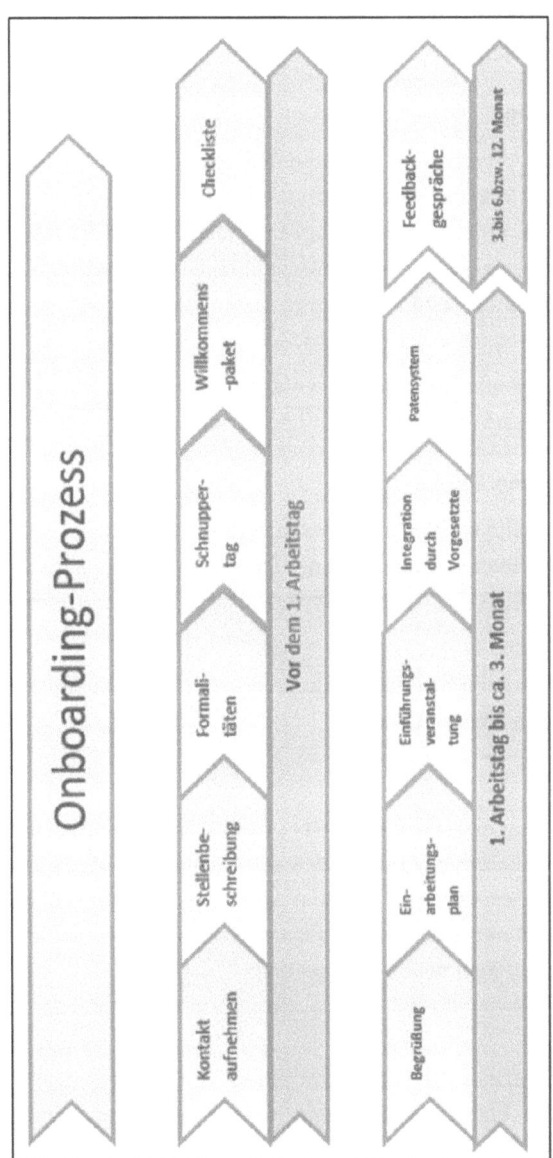

Abbildung 2 - "Onboarding-Prozess"
Eigene Darstellung

Die aufgezeigten Maßnahmen und Instrumente sowie deren Ziele werden unten stehend jeweils näher erläutert.

### 2.3.1 Kontakt aufnehmen:

Der Zeitraum zwischen Vertragsabschluss und dem ersten Arbeitstag beträgt häufig Wochen oder sogar Monate. Dieser Zeitraum kann dazu genutzt werden, den Bewerber bereits zu zentralen Veranstaltungen einzuladen oder ihn in bestimmte sein künftiges Arbeitsgebiet betreffende Entscheidungen mit einzubinden. Die regelmäßige Kontaktaufnahme seitens des Vorgesetzten dient der Zufriedenheit des Bewerbers.

Ihm wird gezeigt, dass weiterhin Interesse besteht und dass man sich auf ihn freut. Der Start kann auf diesem Weg für alle Beteiligten erleichtert werden.[36]

### 2.3.2 Stellenbeschreibung:

Der neue Mitarbeiter sollte vor Beginn seines Arbeitsantritts eine aktuelle und detaillierte Stellenbeschreibung erhalten. Mit der Stellenbeschreibung werden Informationen über das künftige Tätigkeitsfeld sowie die zu erfüllenden Anforderungen vermittelt.

Ziel ist es, die zu besetzende Stelle genau zu beschreiben und zu definieren, um potentielle Unklarheiten zu beseitigen.[37]

### 2.3.3 Formalitäten:

Bei den Formalitäten geht es bspw. um Zutritts-, Essens- und Zeiterfassungskarten, den unterzeichneten Arbeitsvertrag sowie den eingerichteten Arbeitsplatz. Sämtliche Unterlagen sollten bereits vor dem ersten Arbeitstag bereit liegen. Mit diesen Maßnahmen zeigt das Unternehmen ebenfalls Interesse und insbesondere Professionalität im Umgang mit dem neuen Mitarbeiter.[38]

### 2.3.4 Schnuppertag:

An dem Schnuppertag erhält der Mitarbeiter eine Führung durch das Unternehmen, erledigt ggf. erste kleine Aufgaben und lernt bereits vereinzelnd Kollegen

---

[36] Vgl. Brenner, 2014, S. 6.
[37] Vgl. Kowalzik, 2005, S. 39.
[38] Vgl. Bartscher/Nissen, 2017, S. 454.

kennen. Es wird sich gegenseitig „beschnuppert". Das Unternehmen sowie der neue Mitarbeiter haben die Möglichkeit, sich kennenzulernen und herauszufinden, ob die Chemie beidseitig passt.[39]

Der Schnuppertag hat zum Ziel, den Mitarbeiter darin zu bestärken, sich für das Unter-nehmen zu entscheiden. Das erste reelle Wahrnehmen seines künftigen Arbeitsumfelds und seiner Tätigkeit bieten die beste Gelegenheit dafür.[40]

### 2.3.5 Willkommenspaket:

Das Willkommenspaket ist ebenfalls ein dienliches Instrument für eine erfolgreiche Integration. Damit erhält der neue Mitarbeiter vor Arbeitsantritt ein Paket, in dem ein persönliches Begrüßungsschreiben, Broschüren und andere Unternehmensinformationen, eine Termin-/ Veranstaltungsübersicht sowie Ablaufpläne enthalten sind.

Auch hier soll dem neuen Mitarbeiter gegenüber Interesse vermittelt werden. Zudem kann er sich bereits ein erstes Bild von der Unternehmenskultur sowie seiner künftigen Rolle machen.[41]

### 2.3.6 Checkliste:

Die Checkliste ist eine Übersicht, in der die wichtigsten Aktivitäten und Informationspflichten aufgeführt sind. Sie dient der Orientierung und der Überprüfung, um keine wichtigen Aspekte zu übersehen.[42] Eine Muster-Checkliste ist als Anhang dieser Arbeit beigefügt.

### 2.3.7 Begrüßung:

Die „richtige" Begrüßung zählt ebenfalls zu den wichtigsten Maßnahmen eines erfolgreichen Onboarding-Prozesses. Sie beschreibt den ersten Arbeitstag des neuen Mitarbeiters. Folgende Punkte sollten berücksichtigt werden:

- den neuen Mitarbeiter in Empfang nehmen
- Begrüßungs-/ Einführungsgespräch führen

---

[39] Vgl. Hotelcareer, 2018.
[40] Vgl. Kowalzik, 2005, S. 39.
[41] Vgl. Loffing/Loffing, 2010, S. 100.
[42] Vgl. Neges/Neges, 2007, S. 15.

- den / die Paten vorstellen
- Rundgang durch das Unternehmen
- Team / Kollegen vorstellen
- Arbeitsplatz übergeben[43]

Am ersten Arbeitstag wird der Mitarbeiter willkommen geheißen. Ein ausführliches Einführungsgespräch mit dem Vorgesetzten dient dazu, einen ersten Überblick über Unter-nehmensstrukturen und Führungsprinzipien zu vermitteln. Es werden offene Fragen beantwortet, der Einarbeitungsplan erläutert und die gegenseitigen Erwartungen aus-getauscht.[44] Zudem ist es wichtig, dem neuen Mitarbeiter seinen Paten sowie das Kollegenteam, mit dem er künftig zusammenarbeiten wird, vorzustellen.

Ziel der Begrüßung / am ersten Arbeitstag ist es, dem neuen Mitarbeiter bei der Orientierung in der neuen Umgebung zu helfen und ihm Sicherheit zu geben.[45]

### 2.3.8 Einarbeitungsplan:

Der Einarbeitungsplan soll wie die Checkliste eine Strukturierungshilfe bzw. Orientierungs-hilfe darstellen. In diesem werden Ziele, Arbeitsinhalte, Veranstaltungstermine, Kennenlern- sowie Feedbackgespräche festgehalten. Der Einarbeitungsplan wird ausführlich mit dem neuen Mitarbeiter besprochen. Dabei wird seine Meinung eingeholt, um den Einarbeitungs-plan ggf. noch optimieren zu können. Der neue Mitarbeiter erhält mit dem Plan die Möglichkeit, sich auf einzelne Maßnahmen und Ziele einzustellen.

Das Bewältigen bzw. das Erreichen der einzelnen Schritte und Ziele führt zu einer stärkeren Motivation des neuen Mitarbeiters. Er möchte weitere Ziele erreichen und sich noch stärker integrieren.[46]

### 2.3.9 Einführungsveranstaltung:

Eine weitere, wichtige Integrationsmaßnahme ist die Einführungsveranstaltung. An dieser sollte der neue Mitarbeiter kurz nach seinem Arbeitsantritt teilnehmen.

---

[43] Vgl. Pürstinger, 2013, S. 4.
[44] Vgl. Lohaus/Habermann, 2016, S. 132.
[45] Vgl. Lorenz, 2013, S. 130 f.
[46] Vgl. Schiffer, 2017, S. 23.

Es wird ein erster Überblick über die Unternehmensaktivitäten vermittelt sowie einzelne zentrale Bereiche und Abteilungen nebst ihrer Tätigkeiten vorgestellt.[47] Hierzu gehören u.a. das Vorstellen der Produkte und der Unternehmensstruktur, aber auch die Geschichte des Unternehmens sowie wichtige Kennzahlen über Mitarbeiter und Standorte.

Ziel dabei ist, den Mitarbeiter mehr auf sein neues Umfeld einzustimmen sowie ihm die Integration zu erleichtern.[48]

### 2.3.10 Integration durch Vorgesetzte:

Der Hauptverantwortliche für eine erfolgreiche Mitarbeiterintegration ist der Vorgesetzte. In erster Linie ist er derjenige, der für die unterschiedlichen Zielkriterien im Integrationsprozess, wie z.B. die Sicherheitsunterweisung, das Anlernen, die Vermittlung von Unternehmens-werten, Schulungsmaßnahmen etc., zuständig ist. Die einzelnen Aufgaben werden abhängig von der Unternehmensgröße teilweise nicht unmittelbar von der Führungskraft, sondern von unterstützenden Mitarbeitern durchgeführt. Zeit- sowie Wissensmangel können Gründe dafür sein, dass der Vorgesetzte „lediglich" eine Randposition bei den verschiedenen Aufgaben hat, aber dennoch große Wirkung zeigt.[49] Die Präsenz des Vorgesetzten während des Integrationsprozesses hat deshalb große Wirkung, da dieser eine bedeutende Vorbild-funktion inne hat und sein Handeln intensiver und noch glaubwürdiger als bei Kollegen vom neuen Mitarbeiter aufgenommen wird.[50]

Ziel des Engagements des Vorgesetzten ist es, den neuen Mitarbeiter sozial zu unterstützen und ihm das Gefühl von Wertschätzung zu vermitteln.

### 2.3.11 Patensystem:

Der Pate dient u.a. als Unterstützung des Vorgesetzten, der aufgrund seines Zeitmangels oftmals keine uneingeschränkte Betreuung des neuen Mitarbeiters gewährleisten kann. Bei dem Paten handelt es sich um einen erfahrenen Kollegen, der dem neuen Mitarbeiter an die Seite gestellt wird. Er ist der persönliche Ansprechpartner des Neubeschäftigten und beantwortet diesem u.a. alltägliche Fragen im

---

[47] Vgl. Brenner, 2014, S. 9.
[48] Vgl. Heinicke, 2013, S. 45.
[49] Vgl. Moser et al., 2018, S. 78-80.
[50] Vgl. Janssen, 2011, S. 190.

organisatorischen Bereich (z.B.: „Wer ist Ansprechpartner für Parkausweise?") oder bei noch fehlender Orientierung (z.B.: „Wo sind die Toiletten?"). Zudem hilft der Pate dem neuen Kollegen dabei, Verhaltensweisen anderer Mitarbeiter kennenzulernen, um diese zügig besser einschätzen zu können.[51] Zu den weiteren Aufgaben des Paten zählen die Vermittlung von Verhaltensregeln („geschriebene und ungeschrieben Gesetze des Unternehmens"), die Einarbeitung in die Aufgaben des neuen Kollegen sowie die Einbindung in die Unternehmensstrukturen. Der Pate sollte hinsichtlich der Position und der Hierarchiestufe eine gewisse Ähnlichkeit zum neuen Kollegen aufweisen.

Eine Konkurrenzhaltung gegenüber dem neuen Kollegen darf der Pate allerdings nicht haben. Zudem sollte kein Über-/Unterordnungsverhältnis zwischen den beiden stehen.[52]

Das Patensystem bezieht sich auf die soziale Integration des neuen Mitarbeiters, also auf das Kennenlernen und Kontakteknüpfen mit anderen Kollegen.[53]

### 2.3.12 Feedbackgespräche:

Ein Feedbackgespräch ist keine Leistungsbeurteilung im Sinne der jährlichen Zielverein-barung bzw. Regelbeurteilung. Es dient vielmehr als Rückmeldung für den Vorgesetzten sowie für den neuen Mitarbeiter.[54] Dem Neubeschäftigten soll eine realistische Einschätzung gegeben werden, wie sein Verhalten ankommt und wahrgenommen wird. Genau so gilt es umgekehrt, dass der neue Mitarbeiter mitteilt, wie das Unternehmen, der Vorgesetzte und sein Team auf diesen wirken. Der Mitarbeiter sollte in dem Feedbackgespräch gelobt werden, damit sich dieser weiterhin mit hoher Motivation entwickeln kann. Defizite und Verbesserungswünsche sollten aber ebenfalls angesprochen werden. Der neue Mitarbeiter muss die Möglichkeit zur Selbstreflektion bekommen, um seine Fehler selbst aufzuspüren, um daran wiederum besser arbeiten zu können. Direkte Kritik sollte eher vermieden werden. Kann der neue Mitarbeiter zu einem gegenseitigen Austausch ermuntert werden, d.h. dass auch er seine Sichtweise darstellt und Verbesserungsvorschläge einbringt, so kann sogar der Einarbeitungsplan noch individueller auf ihn und

---

[51] Vgl. Brenner, 2014, S. 15.
[52] Vgl. Schiffer, 2017, S. 22.
[53] Vgl. Moser et al., 2018, S. 88.
[54] Vgl. Lohaus / Habermann, 2016, S. 137.

seine weitere Integrationszeit angepasst werden. Feedbackgespräche sollten regelmäßig stattfinden.[55]

Das Feedbackgespräch ist eines der wichtigsten Mitarbeitergespräche, dessen Ziel es ist, eine gute Leistung des neuen Mitarbeiters sicherzustellen.[56]

Die vorgenannten Instrumente und Maßnahmen sollen den neuen Mitarbeiter während seiner Anfangszeit begleiten, um ihm die Integrationsphase zu erleichtern. Der genau geplante und intelligent gestaltete Integrationsprozess fördert zudem die frühzeitige Vorstellung in die Unternehmenskultur. Eine erfolgreiche Integrationsphase ermöglicht eine verkürzte Einarbeitungszeit, eine höhere Mitarbeiterzufriedenheit und volle Leistungs-bereitschaft seitens des Mitarbeiters. Zudem wird eine frühzeitige Fluktuation vermieden.[57]

## 2.4 Integrationsprobleme

Der Arbeitsantritt in einem neuen Unternehmen ist eine aufregende Zeit mit lauter Eindrücken und Erfahrungen für den neuen Mitarbeiter. Diese Zeit ist aber gleichzeitig auch mit einem hohen Stressfaktor verbunden. Unsicherheit ist einer der Gründe dafür.[58]

Die unbekannte Umgebung sowie viele unbekannte Situationen und Menschen rufen diese Unsicherheit hervor. Sie kann schnell zu einer Kündigung führen, wenn sie nicht rechtzeitig beseitigt wird. Weitere Gründe für eine frühzeitige Trennung sind u.a. gegenseitige falsche Erwartungen, Konflikte im Team, Über-/ Unterforderung und Orientierungslosigkeit.

Die falsche Erwartungshaltung entsteht, wenn das Unternehmen im Rekrutierungsprozess mit einer Arbeitgebermarke[59] wirbt, die sich nicht zu 100 % mit der Realität deckt. Der neue Mitarbeiter wird ggf. enttäuscht. Umgekehrt können infolge eines missglückten Auswahl-prozesses ebenfalls unerfüllte Erwartungen auf

---

[55] Vgl. Brenner, 2014, S. 11 f.
[56] Vgl. Mentzel/Grotzfeld/Haub, 2014, S. 69.
[57] Vgl. Scholz, 2011, S. 250.
[58] Vgl. Moser et al., 2018, S. 48.
[59] Die Arbeitgebermarke wird in einem Prozess, welches als Employer Branding bezeichnet wird, aufgebaut. Der Begriff bezieht sich auf die Organisation des Unternehmens als Ganzes. Ziel ist es, die Marke in einem einheitlichen Leitbild zu manifestieren. Dieses wird der Öffentlichkeit, den Mitarbeitern, Kunden, der Konkurrenz und vor allem den Nachwuchskräften auf dem Arbeitsmarkt vermittelt.

Seiten des Unternehmens entstehen.[60] Der psychologische Vertrag wird als ein relevantes Konzept im Hinblick auf die gegenseitigen Erwartungen definiert. Dabei handelt es sich nicht um einen formal juristischen Vertrag, sondern vielmehr um die beidseitigen Versprechen hinsichtlich der künftigen Zusammen-arbeit zwischen Unternehmen und Bewerber. Seitens des Arbeitnehmers werden dem Arbeitgeber bestimmte Kompetenzen, Fachwissen sowie Fähigkeiten und Fertigkeiten zugesichert. Umgekehrt erhält der Arbeitnehmer die kennzeichnenden Versprechen wie Karriere- und Weiterbildungsmöglichkeiten, ein starkes Kollegen-Team sowie einen sicheren Arbeitsplatz. Bei Nichteinhaltung dieser Vereinbarungen werden demnach Enttäuschungen der unerfüllten Erwartungen hervorgerufen.[61]

Die Trennung aufgrund von Konflikten im Team lassen die Vermutung zu, dass es schwierig und problematisch ist, das Team zu managen. Das Bestreben nach Akzeptanz der Arbeitskollegen seitens des neuen Mitarbeiters wird dadurch gehemmt und stärkt wiederum die Unsicherheit.[62]

Eine quantitative Überforderung kann in einem akzeptablen Rahmen förderlich sein. Dem Mitarbeiter ist die Chance der neuen Arbeitsstelle und der damit verbundenen Erwartungen, die in ihn gesetzt werden, bewusst. Er möchte diese Erwartungen erfüllen. Daher versucht er durch großes Engagement die Defizite durch Mehrarbeit oder Weiterbildungsmaßnahmen zu beseitigen. Die qualitative Unterforderung hingegen ist für die Motivation und Bindung des neuen Mitarbeiters sehr schädlich.

Die Orientierungslosigkeit als eine weitere Ursache für die Frühfluktuation oder zumindest für eine innere Kündigung entsteht, wenn der Neubeschäftigte noch nicht mit den neuen Aufgaben und den betrieblichen Gegebenheiten vertraut ist. Je größer die Veränderung gegenüber der vergangenen Arbeitsstelle ist, desto größer ist die Rollenunklarheit bezüglich seiner neuen Verantwortung.

Denn der neue Mitarbeiter weiß nicht genau, welche Erwartungen an ihn gestellt werden. Die Orientierungslosigkeit wird sodann noch verstärkt, wenn die Unternehmenswerte, -regeln und -routinen nicht deutlich kommuniziert werden. So

---

[60] Vgl. Schmidt, 2014, S. 5.
[61] Vgl. Schiffer, 2017, S. 13.
[62] Vgl. Schmidt, 2014, S. 5 f.

kann er keinen betrieblichen Zusammenhang dieser Normen herstellen, geschweige denn diese verinnerlichen.[63]

Die Auswirkungen der vorgenannten Trennungsgründe bzw. einer mangelnden Mitarbeiterintegration zeigt Abbildung 3.

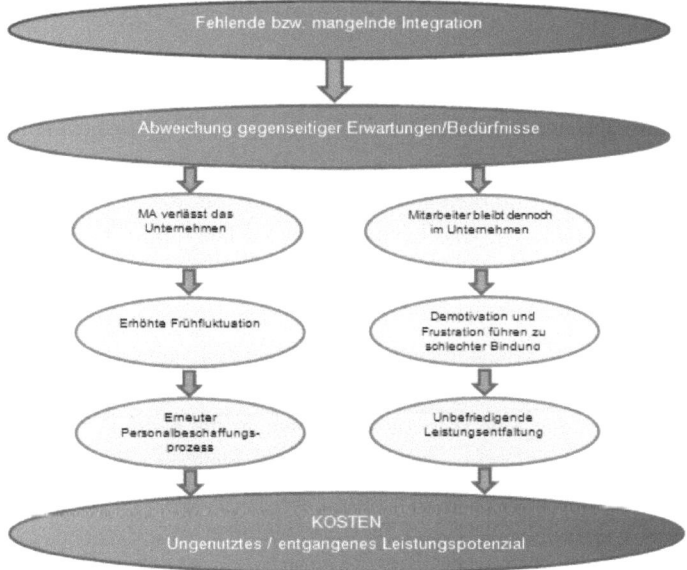

Abbildung 3 - "Auswirkungen mangelnder Mitarbeiterintegration"
Eigene Darstellung in Anlehnung an Schmidt, 2014[64]

Es gibt zwei Möglichkeiten, die sich als Konsequenzen aus einer mangelnden Integration ergeben. Die erste Möglichkeit liegt in der frühzeitigen Kündigung des Mitarbeiters. Diese Entscheidung trifft der Mitarbeiter, wenn er gute Alternativen auf dem Arbeitsmarkt sieht.[65] Das hat wiederum eine erhöhte Frühfluktuation zur Folge. Die Studie[66] von Mühlenhoff & Partner GmbH, die insbesondere die

---

[63] Vgl. Nicolai, 2017, S. 166.
[64] Vgl. Schmidt, 2014, S. 4.
[65] Vgl. Lohaus/Habermann, 2016, S. 30.
[66] April 2008:Befragt wurden 85 Personalverantwortliche aus deutschen Unternehmen. Ein Viertel der Unternehmen beschäftigt zwischen 1.000 und 5.000 Mitarbeiter, 13 % mehr als 10.000, 57 % bis 1.000 und 5 % zwischen 5.000 und 10.000 Mitarbeiter.

Gestaltung der Probezeit untersuchte, zeigt, dass die Trennungsquote während der Probezeit bei ein Fünftel der befragten Unternehmen zwischen 5 und 10 % liegt. Jedes vierte Unternehmen bestätigt eine erfolglose Mitarbeitereinstellung von mehr als 4 %. Auch umgekehrt ist die Bereitschaft, sich von einem neuen Mitarbeiter frühzeitig zu trennen, gestiegen.[67] Scheidet der Neubeschäftigte aus, muss das Unternehmen erneut hohe Ressourcen und Kosten für die Personalgewinnung eines Nachfolgers aufbringen.

Die zweite Konsequenz einer misslungenen Integration ist die stille / innere Kündigung. Der Mitarbeiter bleibt also im Unternehmen. Die Unzufriedenheit führt allerdings zur Demotivation und sogar zur Frustration. Der Mitarbeiter kann die notwendige Bindung zum Unternehmen nicht aufbauen. Der Arbeitseinsatz wird auf das Notwendigste reduziert. Dies hat wiederum zur Folge, dass das Leistungspotential nicht voll ausgeschöpft wird und die Arbeitsaufgaben nicht optimal erfüllt werden.

Eine innere Kündigung wird statt einer tatsächlichen Kündigung gewählt, wenn die Arbeitsmarktlage vom Mitarbeiter eher als chancenlos wahrgenommen wird oder er befürchtet, dass der neue potentielle Arbeitgeber die kurze Verweildauer als eine arbeitgeberseitige Kündigung einschätzt. Weiterhin kann eine gescheiterte Integration eine Kettenreaktion auslösen und zwar dann, wenn sich schlechtes Arbeitsklima oder gar ein Imageverlust des Unternehmens bei bestimmten Mitarbeitern bildet, die wiederum Einfluss auf die Motivation und Bindung anderer Unternehmensmitglieder haben.

Eine fehlende oder mangelnde Integration hat demnach negative (auch insbesondere finanzielle) Konsequenzen zur Folge.[68] Abhängig von der Qualifikation bzw. Position kostet ein ausscheidender Mitarbeiter Unternehmen zwischen 50 und 200 % des jeweiligen Jahresgehaltes. Die geringere Produktivität während und nach der Kündigungsphase, das wiederholte Auswahlverfahren, das erneute Anlernen und Einarbeiten des nächsten Mitarbeiters, die erhöhte Arbeitsbelastung der anderen Mitarbeiter und Unstimmigkeiten unter den Teammitgliedern sind die finanziellen Ressourcen, die für eine fehlgeschlagene Stellenbesetzung aufgebracht werden müssen.[69]

---

[67] Vgl. Mühlenhoff & Partner, 2008.
[68] Vgl. Lohaus/Habermann, 2016, S. 30.
[69] Vgl. Nicolai, 2017, S. 165.

## 3 Ziele und Nutzen des Onboarding

Diverse Fachbeiträge und Studien bestätigen, dass bereits in den ersten 100 Tagen die Entscheidung fällt, ob der neue Mitarbeiter dem Unternehmen erhalten bleibt oder nicht. Im Onboarding-Prozess ist es essentiell wichtig, diese Zeit effektiv zu nutzen, um die Bedürfnisse des Unternehmens mit den Bedürfnissen des neuen Mitarbeiters in Überein-stimmung zu bringen.

Martin/Lombardi stellt die wichtigsten unternehmensseitigen Zielsetzungen eines Onboarding-Prozesses wie folgt dar.

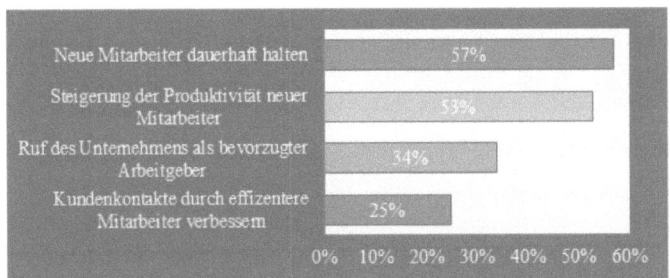

Abbildung 4 - "Ziele des Onboarding"
Eigene Darstellung in Anlehnung an Martin/Lombardi, 2009, zitiert nach Eckelt, 2014[70]

Die Tabelle zeigt, dass die dauerhafte Bindung sowie die Produktivitätssteigerung der Mitarbeiter im Zentrum der Bemühungen stehen. Auch Christiansen beschreibt als Ziel des Integrationsmanagements die frühestmögliche Leistungsentfaltung des neuen Mitarbeiters. Der sogenannte „Break-Even-Point" soll erreicht werden. Der Break-Even-Point ist die „Gewinnschwelle" zwischen finanzieller Investition, der Opportunitätskosten[71] sowie der Erreichung voller Produktivität.[72]

Die dauerhafte Bindung des Mitarbeiters an ein Unternehmen steht wiederum in einem direkten Zusammenhang mit der Mitarbeiterzufriedenheit (die Definition für Mitarbeiter-zufriedenheit folgt in diesem Kapitel unten stehend unter dem Punkt Erfolgskriterium „generelle Arbeitszufriedenheit").

---

[70] Vgl. Martin/Lombardi, 2009, zitiert nach Eckelt, 2014, S. 122.
[71] Opportunitätskosten sind entgangene Erlöse / Nutzen, die dadurch entstehen, dass vorhandene Möglichkeiten nicht oder nicht vollständig wahrgenommen werden, wie z.B. eine verringerte Arbeitsleistung in der Anfangszeit.
[72] Vgl. Christiansen, 2010, S. 21.

Klaiber beschreibt anhand einer Studie des Gallup-Instituts aus 2012, dass unzufriedene Mitarbeiter entweder keine oder nur eine geringe Bindung zu ihrem Arbeitgeber empfinden. Insgesamt waren es 85 % der befragten deutschen Arbeitnehmer, die nur eine geringe oder sogar gar keine Bindung zu ihrem Arbeitgeber aufweisen. Ohne Bindungsempfinden steigt die Wechselbereitschaft des Mitarbeiters und somit die Frühfluktuation im Unternehmen. Diese gilt es mittels eines professionellen Onboarding-Prozesses zu vermeiden oder zumindest zu reduzieren.[73]

Die Ziele einer erfolgreichen Mitarbeiterintegration können an verschiedenen Kriterien gemessen werden. Diese Ziel- bzw. Erfolgskriterien sind die Grundlage für die Beantwortung der Frage, wovon es abhängt, dass es zu einer gelungenen Passung zwischen Unternehmen und Mitarbeiter kommt.[74] Für die elementaren Erfolgskriterien einer Integration dient die nachfolgende Abbildung als Übersicht.

Abbildung 5 - "Erfolgskriterien für Mitarbeiterintegration"
Eigene Darstellung in Anlehnung an Lohaus/Habermann, 2016[75]

Die angestrebten Ergebnisse werden bezüglich des zeitlichen Faktors zwischen lang- und kurzfristige Ergebnisse unterschieden. So zählen die Rollenklarheit, Beherrschung der Aufgaben, Integration in die Arbeitsgruppe und politische

---

[73] Vgl. Klaiber, 2018, S. 19.
[74] Vgl. Moser et al., 2018, S. 26.
[75] Vgl. Lohaus/Habermann, 2016, S. 29.

Fähigkeiten zu den früher eintretenden Ergebnissen. Dagegen werden bspw. das gewünschte Engagement und der Verbleib im Unternehmen eher später erwartet.

Die in Abbildung 5 aufgezählten Kriterien werden von diversen Autoren als Indikatoren für eine erfolgreiche Integration identifiziert.[76] Die Erläuterung der einzelnen Erfolgskriterien folgt nachstehend.

## 3.1 Rollenklarheit:

Bei dem Kriterium der Rollenklarheit wird sich der neue Mitarbeiter über seine eigene Rolle klar. Er versteht, welche Arbeitsaufgaben in welchem Umfang und mit welcher Priorität ihm zugeteilt sind. Im besten Fall werden bei der Vermittlung der Rollenverteilung die Vorstellungen des neuen Mitarbeiters mit denen des Unternehmens in Einklang gebracht.[77] Mit dem Verständnis über die Rollenklarheit kann sich der Neubeschäftigte in die Arbeitsgruppe und in das Unternehmen einfügen.[78]

## 3.2 Beherrschung der Aufgaben:

Bei diesem Erfolgsfaktor beherrscht der neue Mitarbeiter seine ihm übertragenen Aufgaben und erfüllt diese mit der erwarteten Leistungsfähigkeit in quantitativer und qualitativer Hinsicht. Dabei wird zugleich die intrinsische[79] Arbeitsmotivation von dem Neubeschäftigten erwartet.[80]

## 3.3 Integration in die Arbeitsgruppe:

Mit der Integration in die Arbeitsgruppe ist die soziale Akzeptanz gemeint. Diese wurde bereits in Kapitel 2.1 als Teildefinition der Integration beschrieben. Ziel dabei ist, dass der neue Mitarbeiter eine positive Beziehung zu den Mitgliedern der Arbeitsgruppe aufbaut. Dadurch erhält er Hilfestellung bei arbeitsbezogenen Problemen, der Orientierung in der neuen Umgebung sowie bei emotionalen Unsicherheiten.[81]

---

[76] Vgl. dsb., S. 26.
[77] Vgl. dsb.
[78] Vgl. Moser et al., S. 2018, S. 45.
[79] Intrinisch beschreibt die Eigenschaft „von innen heraus". Die Arbeitsmotivation kommt demnach aus dem eigenen Antrieb des Mitarbeiters.
[80] Vgl. Lohaus/Habermann, 2016, S. 26.
[81] Vgl. Lohaus/Habermann, 2016, S. 27.

## 3.4 Generelle Arbeitszufriedenheit:

Eine einheitliche Definition für Arbeitszufriedenheit (auch Mitarbeiterzufriedenheit) gibt es nicht. Vielmehr sind unterschiedlichste Definitionen und Erklärungen in der Fachliteratur zu finden. Von Hoppock kommt die älteste Definition für Arbeitszufriedenheit: „eine Kombination psychologischer, physiologischer und situativer Bedingungen, die die Person zu der ehrlichen Äußerung veranlassen: Ich bin mit meiner Arbeit zufrieden.".[82] Weinert hat eine vergleichbare Definition für Arbeitszufriedenheit: „positive Gefühle und Einstellungen eines Beschäftigten gegenüber seiner Arbeit.".[83] Die Arbeitszufriedenheit beschreibt die Zufrieden-heit aller mit einem Arbeitsverhältnis verbundenen Aspekte. Demnach geht es nicht um einen objektiven Zustand, sondern um die Bewertung eines Mitarbeiters.[84]

Sie dient als Erfolgsfaktor der Integration, wenn die Arbeitsrolle des neuen Mitarbeiters klar und nach seinen Vorstellungen definiert ist. Dabei ist es zudem wichtig, die Arbeitsan-forderungen mit den Bedürfnissen des Privatlebens des Neubeschäftigten zu vereinbaren, wie z.B. der Beruf des Partners oder die Arbeitszeiten.[85]

## 3.5 Commitment/Loyalität:

Berkenheide erklärt, dass diverse Autoren das Commitment[86] als einen psychologischen Zustand beschreiben, der ein Individuum an eine Organisation bindet.[87] Das Commitment zeigt, ob das Individuum zu seiner Organisation passt oder nicht.[88] Die Anfangsphase in einem Unternehmen bestimmt entscheidend über die Stärke der Bindung des neuen Mitarbeiters an das Unternehmen.[89] Nach Allen und Meyer wird das Commitment mehrdimensional erfasst, und zwar nach drei Komponenten: affektiv, normativ und fortsetzungsbezogen. Das affektive Commitment beschreibt die emotionale Bindung zur Organisation. Hiernach akzeptiert der neue Mitarbeiter die Werte und Ziele der Organisation, ist bereit, sich über die üblichen

---

[82] Vgl. Hoppock, 1935, zitiert nach Einramhof-Florian, 2017, S. 36.
[83] Vgl. Weinert, 2004, zitiert nach Einramhof-Florian, 2017, S. 36.
[84] Vgl. Franz, 2011, S. 24.
[85] Vgl. dsb.
[86] Übersetzt: Engagement
[87] Vgl. Berkenheide, 2015, S. 15.
[88] Vgl. Ammon, 2005, S. 4.
[89] Vgl. Lohaus/Habermann, 2016, S. 27.

Maße hinaus für die Organisation einzusetzen und hat das Bedürfnis, weiterhin Mitglied dieser Organisation zu bleiben.

Bei dem normativen Commitment geht es um das Pflichtbewusstsein des Mitarbeiters, der Organisation treu zu bleiben. Der Mitarbeiter bindet sich moralisch an das Unternehmen und verfolgt die Einstellung, sich so zu verhalten, dass es den Zielen und Interessen der Organisation entspricht. Er möchte das Unternehmen nicht im Stich lassen. Das fortsetzungsbezogene Commitment beschreibt das Kostenbewusstsein des Mitarbeiters, welches ihn an das Unternehmen bindet. Dabei geht es um die Abwägung der Kosten, die der Mitarbeiter mit einem Wechsel verbindet bzw. auch um die Kosten, die er mit Aufnahme der angetretenen Stelle aufwenden musste (z.B. Bewerbungsgespräche, individuelle soziale Anpassungsprozesse oder die Einarbeitung in einen neuen Arbeitsplatz). Mitarbeiter mit einem hohen fortsetzungsbezogenen Commitment bleiben demnach in der Organisation, weil sie der Meinung sind, dass das Verlassen sie zu viel kosten werde.[90] Als Erfolgskriterium für die Mitarbeiterintegration ist das affektive Commitment gegenüber dem Unternehmen von größter Bedeutung.[91]

### 3.6 Engagement:

Engagement ist ebenfalls ein wichtiges Erfolgskriterium für die Integration, denn bei mangelndem Engagement würde Aufwand vermieden und die Arbeitsleistungen unterhalb der Erwartungen liegen. Die zuvor erläuterten Erfolgsfaktoren „Beherrschung der Aufgaben" und „Integration in die Arbeitsgruppe" haben Einfluss auf die Höhe des Engagements. Erfährt der neue Mitarbeiter bei der Bewältigung seiner Aufgaben Erfolg, ist dieser gleichzeitig mit hohem Engagement verbunden. Dazu trägt ebenfalls die gegenseitige Abhängigkeit der Teammitglieder bei der Erfüllung der Aufgaben bei.[92]

### 3.7 Verbleib in der Organisation:

Lohaus & Habermann berichten über diverse Studien, die einen Zusammenhang zwischen dem Verbleib in der Organisation, der generellen Arbeitszufriedenheit sowie der Rollenklar-heit des neuen Mitarbeiters belegen. Verlässt der neue

---

[90] Vgl. Ammon, 2005, S. 5 f.
[91] Vgl. Moser et al., 2018, S. 42.
[92] Vgl. Lohaus/Habermann, 2016, S. 28.

Mitarbeiter dennoch das Unterneh-men, hängt dies dann eher mit nicht arbeitsbezogenen Faktoren zusammen, wie z.B. ein Tätigkeitswechsel des Partners.[93]

### 3.8 Politische Fertigkeiten:

Bei den politischen Fertigkeiten geht es um die Kenntnis und um den Umgang mit informellen Netzwerken und Machtstrukturen im Unternehmen. Laut Kammeyer-Mueller & Wanberg macht die Art und Weise, wie der neue Mitarbeiter mit den Kenntnissen umgeht und diese einsetzt, sie zu einem wesentlichen Erfolgskriterium der Integration. Dieses ist dann wiederum mit der Bindung an die Organisation, einer positiven Gehaltsentwicklung sowie mit der generellen Arbeitszufriedenheit verbunden.[94]

Zusammenfassend kann festgehalten werden, dass der Integrationsprozess aus Sicht des neuen Mitarbeiters beendet ist, wenn er keinen Realitätsschock erfahren musste, sich seine Erwartungen bezüglich des Umfelds und seiner Aufgaben bestätigt haben und er eine positive Bindung zum Unternehmen aufbauen konnte.[95] Auf Seiten des Arbeitgebers gehört ebenfalls die entwickelte Bindung des Mitarbeiters an das Unternehmen zur Beendigung des Integrationsprozesses. Weiterhin soll der Neubeschäftigte seine Aufgaben verstanden haben und beherrschen. Der Prozess gilt zudem für den Arbeitgeber als beendet, wenn der neue Mitarbeiter seine Fähigkeiten motiviert einsetzt und offen ist für Verbesserungsprozesse.[96]

Die Ziele des Integrationsmanagements sind demnach erreicht, wenn sich der neue Mitarbeiter mit dem Unternehmen und seiner Kultur identifizieren kann. Er ist angekommen, wenn er ein vollwertiges Teammitglied geworden ist und er seine Aufgaben mit voller Motivation und Leistungsfähigkeit erfüllt.[97]

---

[93] Vgl. dsb.
[94] Vgl. Kammeyer-Mueller/Wanberg, 2003, zitiert nach Lohaus/Habermann, 2016, S. 28.
[95] Vgl. Kahabka 2002, zitiert nach Eckelt, 2014, S. 120.
[96] Vgl. Kieser 1990, zitiert nach Eckelt, 2014, S. 120.
[97] Vgl. Simonsen, 2015, zitiert nach Schiffer, 2017, S. 11.

# 4 Zusammenhang zwischen Onboarding und Mitarbeiterbindung / -performance

Die Recherche einschlägiger Fachliteratur zeigt, dass beim Einsatz eines professionellen Onboarding-Prozesses insbesondere die Ziele einer dauerhaften Haltung sowie einer Produktivitätssteigerung des Mitarbeiters verfolgt werden (siehe Kapitel 3). Die im Vorigen dargelegten Theorien und Nutzenpotentiale des Onboarding bedürfen einer Vertiefung. Wie wird der Zusammenhang empirisch beurteilt? Welche determinierenden Faktoren können hier herausgestellt werden?

Im Folgenden werden anhand von Studien die Erfahrungswerte dahingehend analysiert, ob es tatsächlich einen Zusammenhang zwischen einem professionellen Onboarding-Prozess sowie der Mitarbeiterbindung bzw. der Verweildauer der Mitarbeiter im Unternehmen und der Produktivität der Mitarbeiter gibt. Die hinzugezogenen Studien beschäftigen sich alle mit Faktoren und Maßnahmen, die einen Onboarding-Prozess gelingen lassen. Zudem wurden darin Erwartungen und Erfahrungen seitens der Bewerber untersucht sowie potentielle Nutzen abgeleitet.

In diesem Zusammenhang wird zunächst die Problemstellung aufgezeigt, und zwar, wie sich die Frühfluktuation in den befragten Unternehmen verhält, welche pauschalen Gründe dafür vorliegen und welche Konsequenzen daraus folgen. Damit soll noch einmal beleuchtet werden, wie sich die Machtverhältnisse auf dem Arbeitsmarkt gedreht haben. Denn die Zeiten, in denen qualifizierte Mitarbeiter nach Stellen gesucht haben, sind vorbei.

Heute suchen die Unternehmen händeringend nach qualifizierten Bewerbern. Demzufolge kommt es schnell zum sog. „Jobhoppen"[98], wenn die Unternehmen nicht genügend Anstrengungen leisten, um Mitarbeiter an sich zu binden.[99]

Zudem werden die vorliegenden Studien dahingehend untersucht, welche Maßnahmen und Instrumente, die in Kapitel 2.3 bereits vorgestellt wurden, von den Unternehmen eingesetzt werden.

---

[98] Als „Jobhopper" wird jemand bezeichnet, der häufig seine Stelle wechselt mit dem Ziel des Karrieremachens.
[99] Vgl. www.berkemeyer.net.

In diesem Zusammenhang soll anschließend beleuchtet werden, ob es messbare Faktoren gibt, die für eine Mitarbeiterbindung im Onboarding-Prozess eine wichtige Rolle spielen.

## 4.1 Kündigungsquote und ihre Gründe

„Die Zufriedenheit des Mitarbeiters ist ein zentraler Faktor für die Mitarbeiterbindung."[100] Die Mitarbeiterunzufriedenheit muss folglich ein entscheidender Störfaktor für die Mitarbeiter-bindung sein und die Fluktuation stärken. Wie zufrieden sind demnach die Mitarbeiter? Der nachfolgende Vergleich zwischen den vorliegenden Studien soll aufzeigen, ob Unternehmen mit einer hohen Fluktuationsquote zu kämpfen haben oder ob ein derartiges „Jobhoppen" der Mitarbeiter nicht bestätigt werden kann.

In der Studie der Softgarden e-recuiting GmbH, die in der Zeit von Februar bis März 2018 durchgeführt wurde, haben insgesamt 2.761 Personen teilgenommen. Dabei wurden die Erfahrungen und Wünsche neuer Mitarbeiter während der ersten 100 Tage im Job untersucht. 11,6 % der Befragten haben bereits schon einmal ihren Job innerhalb der ersten 100 Tage gekündigt. 15,7 % der Teilnehmer standen kurz davor.[101]

Auch die Studie von Mühlenhoff & Partner, die bereits in Kapitel 2.4 erwähnt wurde, wird zur Verdeutlichung an dieser Stelle noch einmal hinzugezogen. Mühlenhoff & Partner untersuchten in ihrer Umfrage ebenfalls die Gestaltung der Probezeit. Sie führten die Befragung mit 85 Personalverantwortlichen aus deutschen Unternehmen durch. Hier liegt die Trennungsquote in der Probezeit zwischen 5 und 10 %.[102]

Zudem wurde in der Onboarding-Umfrage 2017 von Haufe sogar eine enorme Kündigungs-quote bereits vor dem ersten Arbeitstag ermittelt, diese liegt bei 26 % der befragten Unternehmen.[103]

Zu ähnlichen Ergebnissen kommen Wald & Athanas in ihrer Candidate-Journey-2017-Studie. Sie beschreibt die „Reise" eines Jobsuchenden von der Orientierung

---

[100] Wolf, 2013, S. 225.
[101] Vgl. softgarden, 2018, S. 5.
[102] Vgl. Mühlenhoff & Partner, 2008.
[103] Vgl. Haufe, 2017, S. 4 (befragt wurden 227 HR-Verantwortliche zwischen Februar und April 2017).

der Jobrecherche bis hin zum Antritt seiner neuen Arbeitsstelle. Die Studie ist in sechs Phasen unterteilt. In jeder Phase geht es um die Erfahrungen und Wünsche der Befragten.

Für diese Untersuchung sind allerdings nur die Phasen 5 (Onboarding/Einstieg) und 6 (Integration und Bindung) relevant. Von Juni bis August 2016 wurden insgesamt 773 Personen online befragt. 44 % der Teilnehmer beantworteten die Frage, ob sie sich aktuell nach einem anderen Arbeitgeber umschauen, mit einem „Ja". Nicht aktiv auf der Suche, aber dennoch offen für Angebote waren 32 % der Befragten.[104]

Im Unterschied zu der ermittelten Einigkeit der vorgenannten Ergebnisse haben Hiekel und Neymanns in ihrer Studie „Neue Mitarbeiter an Bord nehmen" insgesamt 326 Personal-verantwortliche befragt und festgestellt, dass die Studienteilnehmer die Mitarbeiterfluktuation im ersten Beschäftigungsjahr nicht bestätigen können. 86 % der Befragten sehen keinen Handlungsbedarf diesbezüglich.[105]

Die Recherche weiterer Studien ergab allerdings, dass die Frühfluktuationsrate in den meisten Unternehmen negativ auffallend ist.

Welche Gründe stecken hinter diesen hohen Kündigungsquoten?

In den vorliegenden Studien sind diesbezüglich einige Überschneidungen festzustellen.

Die Ergebnisse von Wald & Athanas beziehen sich bei dieser Frage auf Phase 6, die Intergrations- und Bindungsphase. Sie umfasst den Zeitraum der Probezeit bzw. die ersten 12 Monate im Unternehmen.[106] 42,9 % der Befragten gab als Wechselgrund die Unzufriedenheit mit den Verdienstmöglichkeiten an. Dicht gefolgt mit 42,5 % werden die Erwartungen hinsichtlich der künftigen Aufgaben nicht erfüllt. Auch die nicht passende Zusammenarbeit mit dem Vorgesetzten liegt mit 41,8 % in diesem Ranking weit oben. Über die Hälfte der befragten Teilnehmer vermisst das regelmäßige Feedback ihres Vorgesetzten. Dies schlägt sich ebenfalls als Kündigungsgrund nieder.[107]

---

[104] Vgl. Wald/Athanas, 2016, S. 31.
[105] Vgl. Hiekel/Neymanns.
[106] Vgl. www.wollmilchsau.de, 2018.
[107] Vgl. Wald/Athanas, 2016, S. 27, 31.

Weitere Ergebnisse sind in der jährlichen Studie „Engagement Index Deutschland" der Gallup GmbH zu finden. Hierin beschäftigt sich Nink mit der emotionalen Bindung von Mitarbeitern und dem damit verbundenen Engagement und der Motivation bei der Arbeit. Für die jüngste Studie wurden insgesamt 1.413 Arbeitnehmer in zwei Zeiträumen, und zwar vom 24.02. bis zum 24.03.2016 sowie dann wieder vom 31.10. bis zum 03.12.2016 befragt. Darin geht es nicht ausschließlich um die Frühfluktuation neu eingestellter Mitarbeiter. Dennoch dient die Studie für diese Arbeit als Unterstützung, da die Ergebnisse auch auf den Onboarding-Prozess bezogen werden können.

Wie bereits in Kapitel 3 anhand einer Gallup-Studie aus dem Jahr 2012 erläutert, kommt Nink auch in der jüngsten Studie zu dem Schluss, dass die Frühfluktuation oder zumindest die innere Kündigung die Folge einer geringen emotionalen Bindung der Mitarbeiter an das Unternehmen ist und diese wiederum als Konsequenz der Arbeitsunzufriedenheit entsteht.[108] 70 % der Beschäftigten sind emotional gering gebunden, 15 % empfinden sogar gar keine emotionale Bindung und haben innerlich bereits gekündigt. Jeder Dritte der nicht gebundenen Mitarbeiter ist bereits aktiv auf Jobsuche.[109] Nink stellt in seiner Studie als Grund für diese geringe Bindung fest, dass die Unternehmen u.a. ihre Anstrengungen falsch ansetzen. Dabei ist die Führungsqualität ein wichtiger Faktor. Die Aussage: „die Führung, die ich bei der Arbeit erlebe, motiviert mich, hervorragende Arbeit zu leisten" bestätigen bei den hoch gebundenen Mitarbeitern 66 %, bei den gering gebundenen sind es lediglich 15 % und nur 3 % der nicht gebundenen Arbeitnehmer können diese Aussage mit einem Ja belegen. In diesem Zusammenhang ist festzuhalten, dass der Anteil der hoch gebundenen Mitarbeiter bei 15 % liegt. 18 % der Beschäftigten gaben den direkten Vorgesetzten als Grund an, in den vergangenen 12 Monaten über eine Kündigung nachzudenken.[110] Ferner ist die mangelnde oder schlechte Feedbackkultur ein Resultat aus der Unzufriedenheit der Mitarbeiter und der damit verbundenen geringen emotionalen Bindung. Nur gut die Hälfte der Befragten (56 %) konnte bestätigen, in den letzten 12 Monaten überhaupt ein Feedbackgespräch mit dem Vorgesetzten über die Leistungen geführt zu haben. Lediglich 23 % der Mitarbeiter hatte fünfmal oder häufiger ein Mitarbeitergespräch betreffend die

---

[108] Vgl. www.berkemeyer.net
[109] Vgl. Nink, 2017, S. 18.
[110] Vgl. dsb., S. 21 f.

Leistungen. Dabei spielt allerdings auch die Qualität der Gespräche eine große Rolle. Der Frage, ob die Rückmeldung, die man erhält, hilft, die Arbeit besser zu machen, können lediglich 38 % der Befragten vollständig zustimmen.[111]

Auch die Softgarden hat in ihrer Studie die Gründe für eine Frühfluktuation erkundet. Dabei wurden die Befragten gebeten, ihre Erfahrungen in einem Freitextfeld zu schildern. Die häufigsten Aussagen betreffen eine schlechte Einarbeitung, das Verhalten der Vorgesetzten sowie falsche Versprechungen. Ein schlechtes Arbeitsklima oder ein Umzug waren ebenfalls Argumente der Befragten für eine frühzeitige Kündigung. Insbesondere die enttäuschten Erwartungen hinsichtlich der Vorschau auf den Job oder das Unternehmen bilden bei den Kommentaren einen Schwerpunkt.[112] 33,9 % der Teilnehmer mussten feststellen, dass der neue Job in der Stellenausschreibung und im Bewerbungsprozess als aussichtsvoll dargelegt wurde, aber mit der Arbeitsrealität nicht übereinstimmte.[113]

Ferner ging es bei der Untersuchung von Softgarden um die Frage, welche Faktoren dazu führen könnten, dass der Mitarbeiter innerhalb der ersten 100 Tage den Job kündigt. Die Ergebnisse zeigen, dass die Arbeitsatmosphäre als kritischster Faktor gesehen wird. An zweiter Stelle steht das Verhalten des Vorgesetzten, gefolgt vom Verhalten der Kollegen / der Teams. Dabei ist zu beachten, dass auch die Arbeitsatmosphäre überwiegend vom Verhalten des Vorgesetzten und der Kollegen abhängt bzw. bestimmt wird. Weitere Faktoren für mögliche Kündigungsgründe, die weiter unten liegen auf der Wichtigkeitsskala, sind Arbeitsinhalte, Kommunikation und das Verhältnis von Job und eigenen Erwartungen.[114]

Mühlenhoff & Partner kommen ebenfalls zu dem Ergebnis, dass der Hauptgrund für eine Trennung während der Probezeit in den enttäuschten Erwartungen liegt, und zwar bei 81 %. Hierbei geht es um die Vorstellungen des Bewerbers aus dem Bewerbungsprozess und die nicht übereinstimmende betriebliche Realität. Als zweithäufigster Grund mit 60 % wird die fehlende Fachkompetenz genannt. Mühlenhoff & Partner gibt als mögliche Ursachen an, dass entweder der Arbeitgeber

---

[111] Vgl. dsb. S. 33 f.
[112] Vgl. softgarden, 2018, S. 5.
[113] Vgl. www.wolterskluwer.de
[114] Vgl. softgarden, 2018, S. 7.

seine Anforderungen nicht deutlich genug formuliert oder andererseits der Bewerber sich besser verkauft und mehr verspricht, als er einlösen kann.

An dritter Stelle der Trennungsgründe berichtet Mühlenhoff & Partner über Konflikte im Team, die den neuen Mitarbeiter vermuten lassen, dass nicht ausreichend an Problemlösungen im Team gearbeitet wird. 50 % der Teilnehmer gaben diesen Punkt als Trennungsgrund an.[115]

Die Frühfluktuation betrifft nicht nur Berufstätige. Das Thema spielt auch bei den Auszubildenden eine große Rolle. Denn Auszubildende sind die künftigen Fachkräfte und gehören ebenfalls zu den Zielgruppen im Onboarding-Prozess. Schöngen berichtet über eine Studie des Bundesinstituts für Berufsbildung (BIBB), die bundesweit zwischen August und November 2002 durchgeführt wurde. Die Studie beschäftigt sich u.a. mit der Ermittlung von Gründen für die Lösung von Ausbildungsverträgen. Bei ca. 60 % der Befragten kommt es zu einer Vertragsauflösung bereits im ersten Ausbildungsjahr. Knapp die Hälfte davon beendete ihr Vertragsverhältnis sogar bereits während der Probezeit. Die Betroffenen haben zu solchen Zeitpunkten allerdings noch gute Chancen, nach kurzer Zeit einen neuen Vertrag zu schließen. Im Gegensatz zu den Ergebnissen in der Onboarding-Umfrage 2017, sind es bei den Auszubildenden allerdings nur 4 %, die zwischen Vertragsabschluss und Ausbildungs-beginn den Vertrag wieder auflösen (die Onboarding-Umfrage 2017 ermittelte 26 %). Auch in dieser Studie zeigen die Ergebnisse, dass die Gründe für eine Vertragslösung vielschichtig sind. Dennoch sehen die Befragten diese überwiegend im betrieblichen Bereich. 60 % der Teilnehmer kündigten ihr Ausbildungsverhältnis aufgrund von Konflikten mit Ausbildern oder Betriebsinhabern. Die schlechte Vermittlung von Ausbildungsinhalten erhält mit 43 % ebenfalls einen hohen Anteil.

Als weitere Gründe werden die ungünstigen Arbeitszeiten (31 %) sowie ausbildungsfremde Tätigkeiten (26 %) genannt. Schöngen berichtet zudem, dass auch das „Ziellauf-Projekt"[116] des Westdeutschen Handwerkskammertags für den Bereich des Handwerks zu ähnlichen Ergebnissen kommt. Als Hauptgrund für die

---

[115] Vgl. Mühlenhoff & Partner, 2008.
[116] Der Begriff „Ziellauf" bezeichnet Pilotprojekte, die seit dem Jahr 2000 der Stärkung der Konfliktlösungskompetenzen in der handwerklichen Aus- und Weiterbildung dienen; durchgeführt von dem nordrhein-westfälischen Handwerk unter der Federführung des Westdeutschen Handwerkskammertags.

vorzeitige Vertragslösung nennen die befragten Meister ebenfalls die betrieblichen Konflikte.[117]

Da die einschlägige Fachliteratur auf die enorme Bedeutung von professioneller Mitarbeiterintegration und der damit verbundenen Mitarbeiterbindung hinweist, werden im umgekehrten Fall die Konsequenzen für eine fehlende Mitarbeiterintegration verheerend sein müssen. Welche Erfahrungen werden diesbezüglich gemacht? Diese Frage soll anhand der vorliegenden Studien nachfolgend untersucht werden.

Mühlenhoff & Partner stellen in ihrer Studie Folgendes fest: Der finanzielle Faktor spielt bei den Ergebnissen die größte Rolle. Eine misslungene Stellenbesetzung wird mit 25.000 € bis 50.000 € beziffert, so ein Drittel der 85 befragten Personalverantwortlichen. Ein weiteres Drittel der Teilnehmer geben sogar Kosten in Höhe von 75.000 € bis 100.000 € an, die für eine nicht erfolgreiche Stellenbesetzung anfallen. Ferner veranschlagen die Befragten zusätzliche Kosten, die aufgrund von Produktivitätsverlusten, entstehen. Je nach Stelle muss daher insgesamt mit Kosten von rund 200.000 € gerechnet werden.[118]

Nink hat in seiner Studie („Engagement Index Deutschland 2016") hochgerechnet, was es für die gesamte deutsche Wirtschaft bedeutet, wenn Arbeitnehmer innerlich gekündigt haben. Die volkswirtschaftlichen Kosten belaufen sich auf bis zu 105 Milliarden € jährlich.[119] Zudem stellt sich bei seinen Untersuchungen heraus, dass ein Unternehmen mit 500 Mitarbeitern ca. 675.000 € Fluktuationskosten veranschlagen muss. In einem Unternehmen mit 2.000 Mitarbeitern liegen diese Kosten bei ungefähr 2,7 Mio. € und rund 40 Mio. € muss ein Unternehmen mit 30.000 Mitarbeitern für die vorliegende Fluktuationsneigung aufbringen.[120]

Eine ähnliche Einschätzung teilt Softgarden in ihrer Studie („Probezeit für Arbeitgeber"). Ohne konkrete Zahlen zu nennen heißt es hierin, dass aus Sicht der Arbeitgeber, die hohe Fluktuationsrate innerhalb der ersten 100 Tage eine enorme Vergeudung von Ressourcen darstellt. Weiterhin teilen die Arbeitgeber mit, dass ein

---

[117] Vgl. Schöngen, 2003.
[118] Vgl. Mühlenhoff & Partner, 2008.
[119] Vgl. Nink, 2017, S. 25.
[120] Vgl. dsb., S. 47.

Abbruch während der Probezeit gleichzeitig immer eine hohe Fehlinvestition bedeutet.[121]

Schöngen weist ebenfalls in seiner Untersuchung („Ausbildungsvertrag gelöst = Ausbildung abgebrochen?") nach, dass den Betrieben aufgrund von eingebüßten Ausbildungsleistungen hohe Kosten entstehen. Teilweise gehen sogar Ausbildungsplätze verloren, wenn keine Nachbesetzung erfolgt.

Aber nicht nur die Unternehmen haben mit Einbußen zu kämpfen. Auch auf Seiten der Beschäftigten zieht die Wechselbereitschaft bzw. die tatsächliche Kündigung Konsequenzen nach sich.

So stellt Schöngen weiter fest, dass die Auszubildenden einen erheblichen Rückschlag erleiden. Sie verlieren wertvolle Zeit, wenn sie sich wieder umorientieren müssen und sich der Eintritt in eine neue Ausbildungstätigkeit nach hinten verschiebt. Ferner müssen sie mit künftigen Schwierigkeiten rechnen, wenn die potentiellen Lücken in ihrem beruflichen Lebenslauf aus Sicht eines neuen Arbeitgebers negativ auf sie zurückfallen. 17 % der Befragten wurden sogar arbeitslos nach der Vertragslösung.[122]

Schörger/Rausch/Neubauer haben sich in ihrer Befragung ebenfalls mit Auszubildenden beschäftigt. In ihrer Studie „Onboarding von Auszubildenden – Welche Maßnahmen erleichtern den Ausbildungsbeginn?" wurden die Ergebnisse aus Interviews mit Auszu-bildenden und Ausbildungsverantwortlichen in fünf Unternehmen vorgestellt, die über erlebte Herausforderungen sowie die angebotenen Onboarding-Maßnahmen berichten.

Darin wird festgehalten, dass die Jugendlichen nach Vertragsauflösung zwar größtenteils noch eine andere Ausbildung erfolgreich abschließen, die konfliktreiche Zeit, die erst einmal folgt, allerdings negativen Einfluss auf das Selbstbewusstsein der jungen Erwachsenen hat.[123]

Die vorgenannten Forschungserkenntnisse aus den einzelnen Studien weisen einige Gemeinsamkeiten auf. Dabei bleibt festzuhalten, dass eine frühzeitige Trennung kein Einzelfall ist. Bis auf eine Studie ergeben die Untersuchungen, dass

---

[121] Vgl. softgarden, 2018, S. 5, 8.
[122] Vgl. Schöngen, 2003.
[123] Vgl. Schörger et al., 2013.

sämtliche der befragten Unternehmen über eine enorme Fluktuationsquote in der Anfangszeit berichten.

Für die Ergründung der Auslöser für eine frühzeitige Trennung wurden fünf Studien hinzuge-zogen. Eine daraus abgeleitete Zusammenfassung der „Top-Kündigungsgründe" soll die nachfolgende Pyramide darstellen.

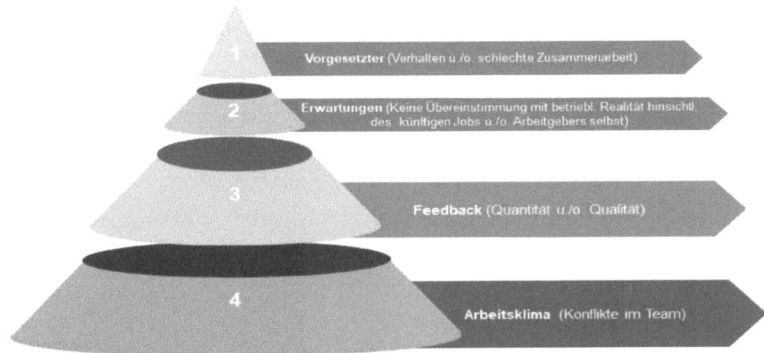

Abbildung 6 - "TOP-Kündigungsgründe"
Eigene Darstellung

Den größten Einfluss auf das Kündigungsverhalten hat demnach der Vorgesetzte. Dieser wurde in den verschiedenen Befragungen am häufigsten genannt, wenn es darum geht, warum ein Mitarbeiter das Unternehmen frühzeitig wieder verlässt. Auch die enttäuschten Erwartungen veranlassen die Bewerber zur frühzeitigen Wechselbereitschaft, wenn nicht sogar zur tatsächlichen Kündigung. Die Feedbackkultur spielt ebenfalls eine große Rolle. Gespräche, die den Mitarbeiter nicht fördern oder Gespräche, die gar nicht erst stattfinden, sorgen für eine Trennung. Schlechtes Arbeitsklima, d.h. Konflikte im Team, führen dazu, dass der Neubeschäftigte kein Wohlbefinden erfährt und sich nicht integrieren kann. Er möchte das Unternehmen wieder verlassen.

Die vorgenannten Gründe stehen sämtlich in Zusammenhang mit der emotionalen Bindung des Mitarbeiters. Die Arbeitsunzufriedenheit aufgrund von schlechten Erfahrungen lässt die emotionale Bindung abnehmen und sorgt für eine schnelle innere bzw. tatsächliche Kündigung.

Die Konsequenzen einer fehlgeschlagenen Besetzung liegen laut den Studien auf der Hand. Die Unternehmen haben enorme Kosteneinbußen zu verzeichnen. Aber auch die Mitarbeiter haben mit den Folgen einer frühzeitigen Kündigung zu kämpfen: Ein schlechter Eindruck aufgrund des ggf. lückenhaften Lebenslaufes oder zeitliche Einbußen wg. einer Umorientierung bzw. eines neuen Bewerbungsprozesses gehören dazu.

Die Untersuchungen zeigen, dass längst nicht alle Unternehmen auf die Probezeit gut vorbereitet sind. Energie und Motivation der neuen Mitarbeiter sind schnell vergangen, wenn sie eine mangelhafte Integrationsphase beim neuen Arbeitgeber erfahren.

## 4.2 Umfang von Onboarding-Aktivitäten

In Kapitel 2.3 wurden bereits verschiedene Maßnahmen und Instrumente vorgestellt, deren Einsatz laut einschlägiger Fachliteratur zu einem erfolgreichen Onboarding-Prozess gehört. Anhand der nachfolgenden Vergleiche wird untersucht, wie verbreitet aktives Onboarding in den befragten Unternehmen betrieben wird, inwiefern entsprechende Maßnahmen eingesetzt werden und um welche es sich im bejahenden Fall handelt.

Krömer et al. haben im Jahr 2017 ebenfalls eine Befragung zum Thema „Onboarding" durchgeführt, und zwar in Unternehmen der NUG-Industrie (= Nahrungsmittel- und Getränkeindustrie). An dieser Studie nahmen 72 Unternehmen teil, unterschieden nach ihrer Unternehmensgröße: 50 bis 250 Mitarbeiter (= „kleines Unternehmen"), 251 bis 500 Mitarbeiter (= „mittelständiges Unternehmen") und über 500 Mitarbeiter (= „Großunter-nehmen"). Alle drei Unternehmensgrößen betreiben laut Umfrage aktives Onboarding. Insbesondere in den Großunternehmen ist dieses mit 75 % sehr verbreitet. Die kleinen Unternehmen folgen mit 65 % und von den mittelständischen Unternehmen betreibt die Hälfte der Befragten aktives Onboarding. Ferner wurde gefragt, ob es im Unternehmen einen zentralen Verantwortlichen für den Onboarding-Prozess gibt. 60 % der mittelständischen Unternehmen beantworteten diese Frage mit einem Ja. Hingegen nur 43 % der Großunternehmen einen zentralen Onboarding-Verantwortlichen beschäftigen. Die kleinen Unternehmen liegen mit 45 % dazwischen. Zu der Frage über die Dauer des Onboarding-Prozesses kann in der Studie von Krömer et al. als Ergebnis festgehalten werden, dass dieser in allen Unternehmen tendenziell zwischen drei und sechs Monaten liegt. Die mittelständischen Unternehmen berücksichtigen teilweise sogar einen Zeitraum von sechs bis zwölf Monaten (30 % der Befragten) oder noch länger. Weiterhin wurde danach gefragt, welche Onboarding-Maßnahmen eingesetzt werden. Alle drei Unternehmensgrößen haben eine Vielzahl von Onboarding-Maßnahmen, die zum Einsatz kommen. Zu den gängigsten Maßnahmen gehören das Vorbereiten des Arbeitsplatzes, der Einarbeitungsplan sowie das Vorstellen der Kollegen. Die mittelständischen Unternehmen setzen diese drei Maßnahmen zu 100 % ein. In den kleinen Unternehmen wird der Einarbeitungsplan zu knapp 80 % verwendet, in den Großunternehmen zu 92 %. Das Vorbereiten des Arbeitsplatzes sowie das Vorstellen der Kollegen sind in den Großunternehmen mit jeweils 96 % ebenfalls sehr verbreitete Onboarding-Maßnahmen. Die kleinen Unternehmen setzen diese Maßnahmen zu knapp 80 % ein. Feedbackgespräche und die Vermittlung von Unternehmenswerten wurden als eingesetzte Onboarding-Maßnahmen mit durchschnittlich knapp 70 % in allen drei Unternehmensgrößen ebenfalls häufig genannt. Die mittelständischen Unternehmen legen mit 90 % sogar noch größeren Wert auf Feedbackgespräche.

Gefolgt werden die vorgenannten Maßnahmen vom Einsatz von Buddy-Systemen[124], regelmäßigen Meetings und Einführungsveranstaltungen. Im Gegensatz dazu werden die Hilfe bei Hort- und Kindergartenplätzen und interne Social Media Kanäle eher selten bzw. gar nicht eingesetzt. Bei der Frage, warum Maßnahmen im Onboarding-Bereich geplant sind, kam heraus, dass die kleinen Unternehmen eine höhere Mitarbeiterbindung erreichen wollen. Knapp die Hälfte von denen sieht die Mitarbeiterbindung als Hauptgrund. Bei den mittelständischen Unternehmen sind es 30 % und lediglich 4 % der Großunternehmen benötigen die Onboarding-Maßnahmen für die Bindung der Mitarbeiter. Diese sehen die Prioritäten in der Mitarbeitergewinnung sowie in der proaktiven Problemlösung, und zwar mit 50 und 46 %.[125]

Eine weitere Studie wurde für die Frage bezüglich des Umfangs von Onboarding-Maßnahmen hinzugezogen: Die Ergebnisse der Online-Umfrage von Pauls zum Thema „Onboarding neuer Mitarbeiter in kleinen und mittleren Unternehmen", durchgeführt in der Zeit vom 07.11.2017 bis 01.12.2017, werden nachstehend erläutert. Ähnlich wie Krömer et al. schätzt auch hier ein Großteil der befragten Unternehmen den Zeitraum für die Mitarbeiterintegration auf drei bis sechs Monate (41 %) ein. 42 % der Teilnehmer sehen sogar nur drei Monate als ausreichend an. Bezüglich der wichtigsten Einflussfaktoren für ein erfolgreiches Onboarding stellt Pauls zusammenfassend fest, dass gutes Betriebsklima, Motivation, das Image des Unternehmens sowie die Bindung neuer Mitarbeiter erreicht werden kann. In 57

---

[124] Buddy übersetzt: Kumpel (Buddy-System ist eine Art der gegenseitigen Kontrolle und Absicherung, die darauf beruht, dass man stets einen direkten Begleiter bei sich hat.
[125] Vgl. Krömer et al., 2017.

% der teilnehmenden Unternehmen sind bereits festgelegte Onboarding-Maßnahmen etabliert. Nach den Untersuchungen von Pauls gehören hierzu am ersten Arbeitstag hauptsächlich das Kennenlernen der neuen Kollegen, Begrüßung durch den Vorgesetzten, das Vorstellen eines direkten Ansprechpartners und eine Führung durch den Betrieb. Zu den am häufigsten eingesetzten Maßnahmen während der Probezeit zählen in den befragten Unternehmen ein fester Ansprechpartner in der entsprechenden Abteilung, Feedbackgespräche sowie ein fachlicher Ansprechpartner. Hilfestellungen für private Angelegenheiten, wie z.B. Wohnungssuche oder Kinderbetreuung, leisten insgesamt 68 % der Teilnehmer.[126]

Die Untersuchungen von Mühlenhoff & Partner ergaben, dass Feedbackgespräche mit 93 % und Training-on-the-Job mit 89 % zu den am häufigsten eingesetzten Instrumenten zählen. Auch Paten- bzw. Mentorensysteme sind gängige Onboarding-Maßnahmen. Sie werden bei mehr als jeder vierten Einstellung eines neuen Mitarbeiters eingesetzt. Mühlenhoff & Partner stellt allerdings fest, dass die eingesetzten Integrationsinstrumente solche sind, die ohne besonderen Aufwand realisiert werden können.[127]

Zudem hat Erben im Juni 2013 eine Online-Umfrage unter 57 JobStairs[128] Partnerunter-nehmen zum Thema Onboarding-Maßnahmen durchgeführt. 92 % der befragten Personal-verantwortlichen setzen Onboarding-Maßnahmen ein. Bezüglich der Dauer durchläuft bei knapp 42 % der Unternehmen der neue Mitarbeiter den Integrationsprozess innerhalb von drei Monaten. 21 % sehen dafür einen Zeitraum von drei bis sechs Monaten vor und knapp 30 % der Befragten nehmen sich sogar mehr als sechs Monate Zeit für die Integration des neuen Mitarbeiters. Beim Beginn der Onboarding-Aktivitäten ergeben die Untersuchungen, dass 44 % der Teilnehmer den Prozess mit Unterschrift des Arbeitsvertrages starten. 22 % werden bereits nach der mündlichen Vereinbarung einer künftigen Zusammenarbeit aktiv und eine ebenso hohe Anzahl ergreift die Maßnahmen ab dem ersten Arbeitstag.

Bei der Frage, welche Maßnahmen in den JobStairs Partnerunternehmen eingesetzt werden, kommt Pauls zu folgenden Ergebnissen: Einführungsveranstaltungen und Willkommenstage sind die gängigsten Instrumente und finden in über 90

---

[126] Vgl. Pauls, 2017.
[127] Vgl. Mühlenhoff & Partner, 2008.
[128] JobStairs ist eins der größten Job-Portale mit ca. 20.000 Stellenangeboten diverser Partnerunternehmen, auf die sich der Bewerber mit einem direkten Zugang unmittelbar bei dem jeweiligen Partnerunternehmen bewerben kann.

% der befragten Unternehmen statt. Eine Willkommensmappe mit Informationen über das Unternehmen und interne Arbeits-abläufe gehört mit 82 % ebenfalls zu den Standards. 77 % der Teilnehmer arbeiten mit Paten- und Mentorensystemen und für 73 % der Unternehmen gehören Vor- und Weiterbildungen zu den Onboarding-Maßnahmen. Eine Unterstützung beim Wohnortwechsel bietet ebenfalls ein Großteil der Studienteilnehmer an (69 %). Zu den eher seltenen Instrumenten dagegen gehören Einladungen zu Team-Events vor dem ersten Arbeitstag. Diese werden von knapp 23 % angeboten.[129]

Die Untersuchungen von Hiekel/Neymanns (Studie: „Neue Mitarbeiter an Bord nehmen") belegen, dass in knapp 40 % der befragten Unternehmen eine klare Onboarding-Strategie existiert. 42 % der Personalverantwortlichen bemängeln allerdings fehlende Rahmen-bedingungen für diesen Prozess. Auch die Dauer für den Integrationsprozess variiert zwischen den Teilnehmern. So stellen Hiekel/Neymanns fest, dass 34 % der Unternehmen einen Zeitraum von unter drei Monaten ansetzen, 40 % sehen die Dauer von sechs bis zwölf Monaten vor und 18 % sogar über ein Jahr. Weiterhin ergibt sich aus den Untersuchungen, dass eine Vielzahl von Instrumenten und Maßnahmen für den Onboarding-Prozess eingesetzt wird. Das mit 88 % am häufigsten eingesetzte Instrument ist die Vorbereitung des Arbeitsplatzes. Auch die terminierten Feedbackgespräche gehören in einem Großteil der befragten Unternehmen zu den Standards (79 %). Ferner stehen Treffen mit Vorgesetzten (75 %) sowie mit Teammitgliedern (71 %) im Vordergrund und sind häufig eingesetzte Instrumente. Der Einsatz von Patensystemen ist mit 67 % ebenfalls in den befragten Unternehmen stark verbreitet, genauso wie Eröffnungsveranstaltungen mit 60 %.

Es wird zwar eine Vielzahl von Onboarding-Instrumenten eingesetzt, knapp 60 % der befragten Personalverantwortlichen kritisieren allerdings die quantitative Anwendung. Sie halten die Einsatzintensität der gewählten Instrumente und Maßnahmen für nicht ausreichend. Auch den Einsatzzeitpunkt bewerten über 50 % der Teilnehmer als nicht optimal. Als Grund für den Einsatz von Onboarding-Aktivitäten geben 64 % der Befragten an, dass sie Onboarding als entscheidenden Faktor für die frühzeitige Mitarbeiterbindung sehen. Das Hauptargument, das für einen Onboarding-Prozess spricht, ist nach den Ergebnissen von Hiekel/Neymann

---

[129] Vgl. Erben, 2013.

allerdings eine schnellere Leistungsentfaltung der Mitarbeiter. 76 % der befragten Unternehmen nehmen dies so wahr.[130]

Haufe untersuchte in ihrer „Onboarding-Umfrage 2017" ebenfalls die Frage, in welchem Umfang die 227 befragten HR-Verantwortlichen in ihren Unternehmen das Onboarding umsetzen. Als Fazit hält Haufe fest, dass bislang erst wenige und eher nur „klassische" Onboarding-Maßnahmen zum Einsatz kommen. Dazu zählen in den befragten Unternehmen Einführungsveranstaltungen, Mitarbeiter-Events und Weiterbildungsmaßnahmen. Auch die Aufgaben bzw. Onboarding-Maßnahmen einer Führungskraft sind laut Umfrage eher wenig ausgeprägt. Der Einarbeitungsplan, regelmäßige Feedbackgespräche und Zielvereinba-rungen gehören in den befragten Unternehmen dazu. Ein Extra-Budget wird in den wenigsten der befragten Unternehmen für Onboarding bereitgestellt. Lediglich 14 % sehen ein Extra-Budget für die Aktivitäten vor. 84 % der befragten Studienteilnehmer sehen Verbesserungspotenzial bei ihrem derzeitigen Onboarding-Prozess.[131]

Schörger et al. („Onboarding von Auszubildenden") haben in ihrer Studie ebenfalls nach den angebotenen Unterstützungsmaßnahmen gefragt. Da für Auszubildende für ihren Einstieg ins Berufsleben mindestens ein genauso großer Wert auf die Integration gelegt werden muss, werden die Ergebnisse der Umfrage für die Vergleichszwecke in diesem Punkt hinzugezogen. Fünf Unternehmen wurden nach ihren Unterstützungsangeboten gefragt. Schörger et al. kommen zu folgenden Ergebnissen: Vier von fünf Unternehmen bieten den Auszubildenden vor dem ersten Arbeitstag ein Vollzeitpraktikum im Umfang von ein paar Tagen bis zu mehreren Wochen an. Ebenfalls vier von fünf der Befragten legen Wert auf ein oder sogar mehrere Vortreffen vor dem eigentlichen Ausbildungsbeginn. Während der Einarbeitungsphase setzen alle befragten Unternehmen die folgenden Maßnahmen ein: eine Orientierungsveranstaltung am ersten Tag (gleichzusetzen mit einer Einführungs-veranstaltung), eine Willkommensmappe bzw. ein Startordner mit allgemeinen Informationen zum Unternehmen und zur Ausbildung, die Zuteilung fester Ansprechpartner in den jeweiligen Fachabteilungen (entspricht etwa einem Patensystem), ein Einführungsgespräch mit einem hauptberuflichen Ausbilder sowie Feedbackgespräche ebenfalls mit einem hauptberuflichen Ausbilder, beginnend nach einigen Wochen.

---

[130] Vgl. Hiekel/Neymanns.
[131] Vgl. Haufe, 2017, S. 3-6.

Es gibt weitere diverse Angebote an Integrationsmaßnahmen, diese sind laut Schörger et al. allerdings nicht mehr so verbreitet. Drei von fünf der befragten Unternehmen bieten mehrtätige Einführungs-seminare oder sonstige Seminare für die fachliche Unterstützung an. Sportliche und kulturelle Aktivitäten, wie Betriebssport oder ein gemeinsames Essen, werden ebenfalls eher selten eingesetzt.[132]

Für die Untersuchung des Umfangs von Onboarding-Aktivitäten und der angewandten Instrumente und Maßnahmen wurden insgesamt sieben Studien hinzugezogen. Die gängigsten Onboarding-Maßnahmen sind zwecks einer besseren Übersichtlichkeit ebenfalls in einer Pyramide nach ihrer Häufigkeit absteigend sortiert abgebildet.

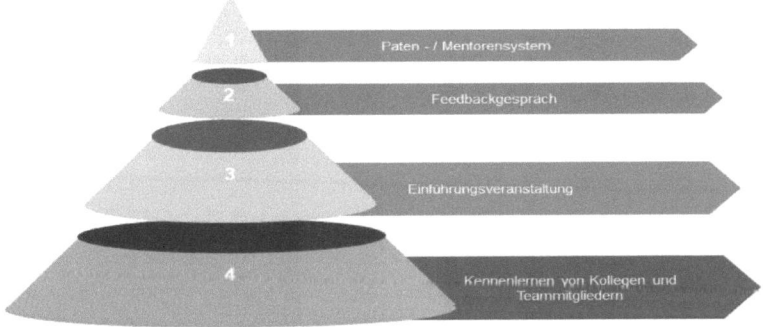

Abbildung 7 - "TOP-Onboarding-Maßnahmen"
Eigene Darstellung

Es können einige Vergleiche gezogen werden. So sind Paten- und Mentorensysteme sowie Feedbackgespräche in fast allen Studien als angewandte Maßnahmen genannt worden. Auch das Angebot an Einführungsveranstaltungen sowie das Kennenlernen von Kollegen und Teammitgliedern wiederholt sich in einigen Umfragen. Lediglich jeweils zwei von sieben untersuchten Studien ergaben, dass eine Willkommensmappe bereitliegt, ein Einarbeitungs-plan oder der Arbeitsplatz selbst vorbereitet ist. Ebenso gehören Weiterbildungsmaßnahmen zu den seltener eingesetzten Onboarding-Maßnahmen.

---

[132] Vgl. Schörger et al., 2013.

Bezüglich der Dauer des Onboarding-Prozesses weisen die Forschungsergebnisse der vorliegenden Studien ebenfalls Gemeinsamkeiten auf. Drei bis sechs Monate sehen die meisten Unternehmen als Zeitraum für einen Onboarding-Prozess vor. Auch die Gründe und Ziele für den Einsatz von Onboarding-Aktivitäten ähneln sich sehr. Mitarbeiterbindung steht dabei an erster Stelle. Die Unternehmen möchten das Zugehörigkeitsgefühl der neuen Mitarbeiter steigern. Weiterhin soll nach den vorliegenden Ergebnissen Onboarding für ein besseres Image des Arbeitgebers sorgen. Die schnellere Leistungsentfaltung, eine verkürzte Einarbeitungszeit sowie die Verringerung von Fluktuation sind ebenfalls wichtige Gründe bzw. Ziele für den Einsatz von Onboarding-Maßnahmen.

### 4.3 Messbare Variablen als Bindungs- und Performancefaktor

Im vorstehenden Kapitel wurde anhand der vorliegenden Studien der Umfang der Onboarding-Aktivitäten in den befragten Unternehmen untersucht sowie die am häufigsten eingesetzten Maßnahmen und Instrumente erläutert.

Decken sich diese mit den Erwartungen und Wünschen neuer Mitarbeiter? Welche Erfahrungen machen Bewerber und Unternehmen? Welche messbaren Bedürfnisse sollten befriedigt werden? Welche Priorität hat die Mitarbeiterbindung für Unternehmen? Und welcher Nutzen kann aus einem erfolgreichen Onboarding gezogen werden?

Kann professionelles Onboarding eine lange Mitarbeiterzugehörigkeit sowie eine volle Leistungsentfaltung bedingen?

Hölscher hat sich in diesem Zusammenhang in ihrem Beitrag im prosoft HR Blog mit den psychologischen Faktoren im Onboarding beschäftigt. Wie in Kapitel 2.2 bereits beschrieben, erwähnt sie die Wichtigkeit der stufenweisen Integration hinsichtlich der psychologischen Einflussnahme. Hölscher verweist darauf, dass die fachliche Eingliederung, also das Bereitstellen von Informationen, positive Auswirkungen auf die eigene Leistungserwartung und das Selbstvertrauen des neuen Mitarbeiters im Umgang mit dem neuen Aufgabenfeld haben kann. Auch die soziale Eingliederung hat eine fördernde psychologische Funktion. Die Bekanntmachung mit Kollegen und wichtigen Ansprechpartnern steigert den kollegialen Rückhalt und eine offene Kommunikation. Weiter erwähnt Hölscher die wertorientierte Integration. Diese stärkt die Verinnerlichung der Unternehmenskultur sowie die

Identifikation mit den Unternehmenswerten. Die wertorientierte Eingliederung stärkt insbesondere die intrinsische Motivation des Neubeschäftigten.[133]

Im Auftrag der Hays AG haben Eilers et al. in 2015/2016 eine Online-Umfrage in Deutschland, Österreich und der Schweiz durchgeführt. Die Studie widmet sich den zentralen HR-Fragestellungen. Das Schwerpunktthema bildet die Unternehmenskultur. Insgesamt haben 532 Entscheider teilgenommen. Die Umfrage zeigt, dass ebenfalls die Handlungsfelder „Mitarbeiterbindung" und die „Förderung der Beschäftigungsfähigkeit der Mitarbeiter" zu den bedeutsamsten Themen zählen und daher zusätzlich untersucht wurden.[134] Die Teilnehmer bestätigen, dass die Wichtigkeit der Mitarbeiterbindung zugenommen hat (69 %, Vorjahreswert: 61 %). Zu den geeignetsten Bindungsinstrumenten gehören nach Einschätzung der Befragten „interessante Aufgaben" (71 %), „gutes Betriebsklima" (65 %) und eine „marktgerechte Entlohnung" (49 %).

Als Fazit zum Vergleich zwischen der Bedeutung und der realen Umsetzung der Instrumente stellen Eilers et al. allerdings fest, dass zum Einen ein Instrument eher bereits etabliert ist, je weniger diesem an Wichtigkeit zugeteilt wird, und zum Anderen die harten Themen im Gegensatz zu den sogenannten weichen Themen (die ebenfalls eine höhere Priorität bei den Befragten erfahren) besser umgesetzt sind.[135] Als Definition beschreibt Kiel in seinem Fachbeitrag die harten Faktoren als Instrumente, die zur Befriedigung der finanziellen und materiellen Anreize beitragen. Dazu zählen bspw. Gehaltserhöhungen, betriebliche Altersvorsorge, Firmenwagen u.a.. Die weichen Faktoren sind das genaue Gegenteil. Sie sind teilweise nicht so leicht umzusetzen und auch nicht direkt messbar. Zu den weichen Faktoren gehören u.a. ein offenes und gesundes Betriebsklima, Wertschätzung und die allgemeine Unternehmenskultur.[136] In Zahlen ausgedrückt werden die gewünschten „interessanten Aufgaben" lediglich zu 52 %, das „gute Betriebsklima" zu 45 % sowie die „marktgerechte Entlohnung" zu 43 % umgesetzt. Umgekehrt zählen laut Umfrage die „Maßnahmen zur Gesundheitsförderung" mit 8 % zu den unwichtigsten Bindungs-instrumenten, sie werden aber bereits in 37 % der befragten Unternehmen eingesetzt. Das Gleiche gilt für die „betrieblichen Zusatzleistungen", die bereits in 41 % der Unternehmen etabliert sind, von der Bedeutung her mit 10 %

---

[133] Vgl. Hölscher, 2017, S. 2 f.
[134] Vgl. Eilers, 2015, S. 9.
[135] Vgl. Eilers, 2015, S. 28 f.
[136] Vgl. Kiel, 2015.

allerdings weit unten stehen. Zudem unterscheidet sich die Wahrnehmung über die Bedeutung der Bindungsinstrumente zwischen den einzelnen befragten Positionen. So nehmen die befragten Geschäftsführer das „Betriebsklima" mit einer noch viel höheren Priorität (76 %) wahr, als die befragten Mitarbeiter mit 63 %. Auch die Umsetzung dieses Bindungsinstruments bewerten die Geschäftsführer mit 60 % als positiv. Hingegen die Mitarbeiter nur eine Umsetzung von 38 % wahrnehmen.[137]

Die Studie von Sebald et al. im Auftrag der Towers Perrin zum Thema „Was Mitarbeiter bewegt zum Unternehmenserfolg beizutragen" wurde 2007 durchgeführt. Mehr als 3.000 Arbeitnehmer aus überwiegend mittleren und größeren deutschen Unternehmen wurden online befragt. Ziel dieser Studie ist es, die wesentlichen Aspekte des Mitarbeiter-engagements, der Mitarbeiterbindung sowie der Attraktivität von Unternehmen zu erfassen und zu analysieren. Angefangen bei der Mitarbeitergewinnung spielt für die Bewerber für eine starke Arbeitgeberattraktivität das Arbeitsumfeld die wichtigste Rolle. Flexible Arbeitszeiten, eine herausfordernde Tätigkeit sowie der Ruf des Unternehmens als guter Arbeitgeber sind die Hauptaspekte, die auf die Entscheidung der Bewerber den größten Einfluss haben.[138] Nebenleistungen wie die Altersvorsorge haben dagegen keine hohe Relevanz. Für die Steigerung der Mitarbeitermotivation sind die Erwartungen der Mitarbeiter größtenteils ebenso nicht monetärer Natur, sondern betreffen vielmehr das Arbeitsumfeld. Das „Interesse der Unternehmensleitung an den Mitarbeitern", „ausreichende Entscheidungsfreiheit" und eine „Unternehmenskultur, die von der Führungsebene vorgelebt wird" sind die Top-Treiber der Mitarbeitermotivation. Hier sehen Sebald et al. jedoch deutliches Verbesserungspotenzial, da lediglich 17 % der Mitarbeiter in Deutschland als hoch engagiert gelten. Dieses Ergebnis lässt darauf schließen, dass die Erwartungen der Mitarbeiter nicht ausreichend erfüllt werden.[139] Auch die Bindung leistungsstarker Mitarbeiter sollte nach Sebald et al. höchste Priorität haben. Die wichtigsten Voraussetzungen aus Sicht der Mitarbeiter, um sich an ihr Unternehmen emotional zu binden, ergeben sich aus den Ergebnissen der Online-Befragung wie folgt: Der Ruf des Unternehmens steht an erster Stelle. Ein produktives Arbeitsumfeld mit ausreichender Entscheidungsfreiheit steht auf Rang zwei. Weiterhin sehr wichtig für die Mitarbeiter und deren Zugehörigkeitsgefühl zum

---

[137] Vgl. dsb.
[138] Vgl. Sebald et al., 2007, S. 7.
[139] Vgl. Sebald et al., 2007, S. 10 f.

Unternehmen ist die faire Vergütung im Vergleich zu Kollegen. In Zusammenhang mit dem Anteil der wechselbereiten Mitarbeiter in Deutschland, der laut Sebald et al. 41 % betrifft, liegt auch hier die Vermutung nahe, dass bei den deutschen Unternehmen Verbesserungspotenzial in der Umsetzung der Mitarbeiterbedürfnisse vorhanden ist.[140] In Kapitel 4.1 wurde nach den Rechercheergebnissen deutlich, dass der Vorgesetzte den größten Einfluss auf das Kündigungsverhalten der neuen Mitarbeiter hat. Auch Sebald et al. stellen in ihrer Studie fest, dass die Erwartungen der Mitarbeiter nicht vollumfänglich dahingehend erfüllt werden. Wenn es um die Berücksichtigung der Stärken und Schwächen geht, beurteilen die Mitarbeiter die Leistungen des Vorgesetzten als weniger gut. Lediglich 37 % der befragten Teilnehmer können bestätigen, dass sich der Vorgesetzte mit leistungsschwachen Mitarbeitern effektiv auseinandersetzt. Positiv auffallend ist aus Mitarbeiterperspektive allerdings, dass der Vorgesetzte in der Lage ist, für eine produktive und vertrauensvolle Arbeitsatmosphäre zu sorgen.[141]

Softgarden hat sich in ihrer (hier bereits erwähnten) Studie ebenfalls ausführlich mit den Bindungsfaktoren eines neuen Mitarbeiters beschäftigt. 1.612 Teilnehmern wurde die Frage nach den Gründen gestellt, die dazu beitragen, bei einem Arbeitgeber länger an Bord zu bleiben. Die Ergebnisse sind eindeutig: 585 der befragten Teilnehmer priorisieren eine gute Arbeitsatmosphäre für ihren Verbleib im Unternehmen. Nette Kollegen und ein freundliches Miteinander sind hier die Stichpunkte, die für die Mitarbeiter zählen. Umgekehrt sei an dieser Stelle kurz erwähnt, dass das Arbeitsklima zu den „Top-Kündigungsgründen" zählt (siehe Kapitel 4.1). Mit 201 Nennungen steht der Wunsch nach „Wertschätzung" auf Rang zwei. Die Teilnehmer erwarten Vertrauen, eine wertschätzende Unternehmenskultur und einen respektvollen Umgang. Tatsächlich fühlen sich laut der Umfrageergebnisse aber nur 44 % während ihrer Einstiegsphase wertgeschätzt.

Eine gute Einarbeitung wurde ebenfalls als Bindungsfaktor (158 Nennungen) aufgezählt. Hierunter verstehen die befragten Mitarbeiter u.a. „ein warmes Willkommen", „klare Bezugspersonen", „die Möglichkeit, auch Anfängerfehler machen zu können", „die intensive Unterstützung beim Kennenlernen künftiger Projektpartner und relevanter Entscheider" sowie „Feedbackgespräche". Als weitere Bindungsfaktoren haben die Studienteilnehmer gute Kommunikation / Transparenz,

---

[140] Vgl. dsb., S. 14 f.
[141] Vgl. dsb., S. 18.

Arbeitsinhalte und Weiterbildungsangebote genannt. Weniger Aufmerksamkeit bekommen dagegen u.a. die Punkte Vergütung, professionelles Personalmanagement und Flexibilität.[142] Weiterhin wurde nach den Bindungsmaßnahmen gefragt, die für die Mitarbeiter in dem Zeitraum zwischen der Vertragsunterschrift und dem Arbeitsantritt die höchste Priorität haben. Denn wie auch in Kapitel 2.3 die vorliegende Fachliteratur belegt, sollte das Onboarding bereits vor dem ersten Arbeitstag starten. Softgarden erfährt, dass das schnelle Vorliegen des Arbeitsvertrages für die Bewerber am wichtigsten ist (78 %). Die Erfahrungen der befragten Teilnehmer zeigen, dass dieser priorisierte Faktor mit 86 % in der Praxis auch größtenteils von den Unternehmen berücksichtigt und umgesetzt wird. Der Wunsch nach Teilnahme an einer zentralen Veranstaltung für Neueinsteiger ist nach den Ergebnissen mit knapp 56 % ebenfalls groß. Umgesetzt wird dies allerdings nur zu 19 %. Die Kontaktaufnahme bzw. das Kontakthalten nach dem finalen Bewerbungsgespräch priorisieren die Studienteilnehmer ebenfalls stark mit 54 %. Lediglich knapp die Hälfte der Befragten darf allerdings die Erfahrung machen, dass der Vorgesetzte vor Arbeitsbeginn zu ihnen Kontakt aufnimmt. Die Ergebnisse von Softgarden zeigen weiter, dass aus Sicht der Bewerber die soziale Integration höchste Priorität hat. So wünschen sich 64 % der Befragten vor allem einen persönlichen Ansprechpartner (einen Paten) und dass sie am ersten Arbeitstag den Kollegen persönlich vorgestellt werden (58 %). Ein konkreter Einarbeitungsplan hat zudem für jeden Zweiten der Studienteilnehmer einen hohen Stellenwert. Das reale Angebot dieser Punkte sieht laut Softgarden allerdings anders aus. Die Untersuchung zeigt, dass jeder vierte Neubeschäftigte am ersten Tag nicht den neuen Kollegen vorgestellt wird. Knapp 43 % der Befragten hatten oder haben keinen festen Ansprechpartner unter den Kollegen und für zwei Drittel gibt es keinen konkreten Einarbeitungsplan. Knapp 60 % der Teilnehmer machen sogar die Erfahrung, dass ihr Arbeitsplatz am ersten Arbeitstag nicht eingerichtet ist. In Verbindung mit der Definition des Onboarding in Kapitel 2.1 fiel bereits der Begriff Selbstwirksamkeit. Wie Softgarden in ihrer Befragung feststellt, findet sich dieser Begriff bei den Erwartungen der Bewerber wieder und hat einen hohen Stellenwert. Die neuen Mitarbeiter möchten zeigen, was sie können; sie möchten Zutrauen in ihre Fähigkeiten gewinnen. Mit 40 % findet diese Selbstwirksamkeits-erfahrung in der betrieblichen Realität allerdings eher selten statt.

---

[142] Vgl. softgarden, 2018, S. 9 f.

Das Thema Feedback-kultur wurde von Softgarden ebenfalls hinterfragt. Die Ergebnisse zeigen, dass gute Kommunikation eine große Rolle spielt. 97 % der Befragten wünschen sich regelmäßige Gespräche mit ihrem Vorgesetzten. Auch das Feedback der Kollegen hat eine hohe Bedeutung (90 %) für die Neubeschäftigten, um ihre Probezeit gut meistern zu können.[143]

Für den Punkt Feedbackkultur wird zwecks der Verdeutlichung an dieser Stelle die im Auftrag von Amadeus Fire Personaldienstleistungen in 2015 durchgeführte Studie der Friedrich-Alexander-Universität Erlangen-Nürnberg hinzugezogen. In dieser Umfrage werden die Zusammenhänge zwischen der Feedbackkultur im Unternehmen und der Zufriedenheit der Mitarbeiter untersucht. Insgesamt haben 284 Personen aus deutschen Unternehmen an der Studie teilgenommen. Fast alle Teilnehmer gaben an, dass sie Feedbackgespräche mit Vorgesetzten und Kollegen als nützlich empfinden. Andererseits empfindet mehr als die Hälfte der befragten Mitarbeiter, zu selten Feedback vom Vorgesetzten oder den Kollegen zu erhalten. In Zusammenhang mit der Zufriedenheit der Mitarbeiter kommt die Friedrich-Alexander-Universität zu dem Ergebnis, dass häufiges und nützliches Feedback die Zufriedenheit erhöht.[144]

Die bereits für die vorgenannten Unterpunkte hinzugezogene Studie von Nink im Auftrag der Gallup GmbH zeigt mit ihren Ergebnissen ebenfalls, dass Wunsch und Wirklichkeit oft auseinander klaffen. So wurden die Teilnehmer gefragt, was sie als Arbeitnehmer von ihrem Unternehmen erwarten. Auf einer Skala von 1 („überhaupt nicht wichtig") bis 5 („äußerst wichtig") bewerteten die Befragten die Wichtigkeit der abgefragten Aspekte. Mit 4,52 Punkten stehen die „Sicherheit am Arbeitsplatz" und die „Work Life Balance" an oberster Stelle. Die Erfahrungen der Mitarbeiter zu diesen beiden Aspekten sehen allerdings anders aus. Lediglich mit 3,85 Punkten bewerteten die Teilnehmer die Umsetzung der gewünschten Work Life Balance. Ein Großteil kann allerdings bestätigen, dass sie einen sicheren Arbeitsplatz haben (4,28 Punkte). „Die Möglichkeit, das tun zu können, was man richtig gut kann" und „tolle Kollegen" gehören mit knapp 4,5 Punkten ebenfalls zu den wichtigsten Erwartungen der Mitarbeiter. Mit 3,9 und 4,2 Punkten sind die Teilnehmer mit der Wirklichkeit allerdings nur teilweise zufrieden. Der Wunsch nach einer hervorragenden Führungskraft (Wichtigkeit: 4,35) wird ebenfalls nicht

---

[143] Vgl. softgarden, 2018, S 15-21.
[144] Vgl. Amadeus Fire, 2015.

vollumfänglich erfüllt (Zufriedenheit: 3,77). Die Wichtigkeit der Vergütung folgt vergleichsweise erst auf Platz 10 der 19 abgefragten Aspekte.[145] Nink unterscheidet (wie bereits erläutert) in seiner Umfrage die Mitarbeiter mit hoher emotionaler Bindung von den Mitarbeitern, die eine geringe emotionale Bindung empfinden bzw. denen, die bereits innerlich gekündigt haben.

Diese Unterscheidung ist Folge der in der Untersuchung verwendeten Aussagen. Basierend auf das Antwortverhalten der Studienteilnehmer definiert Nink in seiner Studie die wichtigsten Aspekte der emotionalen Bindung an den Arbeitgeber, die sog. Q12-Aspekte. Sie werden unterschieden nach Grundbedürfnissen, Unterstützung, Teamarbeit und Wachstum. Die Aspekte lauten wie folgt:

| | | |
|---|---|---|
| **Grundbedürfnisse** | Q1 | Ich weiß, was bei der Arbeit von mir erwartet wird |
| | Q2 | Ich habe die Materialien und die Arbeitsmittel, um meine Arbeit richtig zu machen. |
| **Unterstützung** | Q3 | Ich habe bei der Arbeit jeden Tag die Gelegenheit, das zu tun, was ich am besten kann |
| | Q4 | Ich habe in den letzten sieben Tagen für gute Arbeit Anerkennung oder Lob bekommen. |
| | Q5 | Mein Vorgesetzter/ Meine Vorgesetzte oder eine andere Person bei der Arbeit interessiert sich für mich als Mensch. |
| | Q6 | Bei der Arbeit gibt es jemanden, der mich in meiner Entwicklung fördert. |
| **Teamarbeit** | Q7 | Bei der Arbeit scheinen meine Meinungen zu zählen. |
| | Q8 | Die Ziele und die Unternehmensphilosophie meiner Firma geben mir das Gefühl, dass meine Arbeit wichtig ist. |
| | Q9 | Meine Kollegen/Innen haben einen inneren Antrieb, Arbeit von hoher Qualität zu leisten. |
| | Q10 | Ich habe einen sehr guten Freund/eine sehr gute Freundin innerhalb der Firma. |

---

[145] Vgl. Nink, 2017, S. 11.

| Wachstum | Q11 | In den letzten sechs Monaten hat jemand in der Firma mit mir über meine Fortschritte gesprochen. |
|---|---|---|
| | Q12 | Während des letzten Jahres hatte ich bei der Arbeit die Gelegenheit, Neues zu lernen und mich weiterzuentwickeln. |

Tabelle 1 - "Q12-Aspekte der emotionalen Bindung"
Eigene Darstellung in Anlehnung an Nink, 2017[146]

Mit den Q12-Aspekten als Grundlage kommt Nink zu dem Ergebnis, dass das Bedürfnis nach Anerkennung hinsichtlich der beruflichen Leistungen bei den emotional stark gebundenen Mitarbeitern zu 70 % erfüllt wird. Im Gegensatz dazu können nur 2 % der bereits innerlich Gekündigten eine derartige Anerkennung bestätigen. Ähnlich sieht es bei dem Aspekt der beruflichen Weiterentwicklung aus. 90 % der Mitarbeiter, die eine hohe Bindung empfinden, sehen ihre Erwartungen dahingehend als erfüllt. Bei den emotional nicht gebundenen Mitarbeitern liegt der Erfahrungswert der beruflichen Weiterentwicklung bei 6 %. Ein drittes Beispiel zeigt das Bedürfnis „als Mensch gesehen zu werden". Lediglich 5 % der innerlich gekündigten Mitarbeiter sehen sich im Unternehmen als Mensch geschätzt, dagegen erfahren 85 % der emotional stark gebundenen Arbeitnehmer Anerkennung für ihre menschlichen Qualitäten.[147]

Wald/Athanas zeigen ebenfalls in ihrer Candidate Journey Studie 2017 die Ergebnisse der Erwartungen und Erfahrungen der 773 befragten Arbeitnehmer auf. Angefangen mit dem Zeitraum zwischen der Zusage und dem ersten Arbeitstag ist es den Kandidaten besonders wichtig, dass ihnen der Arbeitsvertrag zeitgerecht zugeht. Knapp 80 % können dies auch bestätigen. Weiterhin wurden die ersten zwei Wochen des neuen Mitarbeiters im Unter-nehmen beleuchtet. Welche Erfahrungen machen die Neubeschäftigten? An dieser Stelle wird zunächst das Einführungsgespräch mit dem Vorgesetzten über Erwartungen und Ziele erwähnt. Knapp die Hälfte der Befragten kann bestätigen, ein derartiges Gespräch gehabt zu haben. 38 % beklagen allerdings, dass sie diese Erfahrung nicht machen durften, aber gern gemacht hätten. Die Teilnahme an internen Schulungen innerhalb der ersten zwei Wochen ist für 34 % der Befragten ebenfalls ein wichtiger Punkt, den sie nicht erfüllt bekommen haben. Knapp 30 % der Studienteilnehmer durften aber wiederum an solchen Schulungen teilnehmen. Die Frage, ob Arbeitsabläufe und Tätigkeiten

---

[146] Vgl. Nink, 2017, S. 39.
[147] Vgl. dsb., S. 32.

ausreichend erklärt wurden, kann über die Hälfte der befragten Mitarbeiter mit Ja beantworten. 35 % vermissten diese Einweisung jedoch. Auch die Zuteilung eines Paten oder Mentors hätten 28 % der Teilnehmer gern gehabt. Knapp der Hälfte der Befragten wurde dieser Wunsch auch erfüllt.[148] Weiterhin möchten Wald/Athanas in ihrer Umfrage herausfinden, wie sich die Zusammenarbeit in der Probezeit bzw. in den ersten 12 Monaten entwickelt, bei wie vielen Mitarbeitern Zufriedenheit gefestigt werden kann. Auch hier fällt wieder der Wunsch nach Weiterbildung. 51 % der Studienteilnehmer vermissten allerdings eine aus deren Sicht dahingehend entgegengebrachte Wertschätzung. Zudem möchten sich die Mitarbeiter entfalten und Raum für die eigene Initiative haben. Diese Möglichkeit erhalten nach den Umfrageergebnissen 48 % der befragten Teilnehmer. Ein weiterer verbreiteter Wunsch, der auch in vielen anderen Studien zum Vorschein kommt, ist die Feedbackkultur. Lediglich 33 % der Teilnehmer berichten, regelmäßiges Feedback von ihrem Vorgesetzten zu erhalten. 54 % vermissen dagegen ein solches.[149] Überhaupt der Punkt „Kommunikation" stellt aus Sicht der Mitarbeiter einen bedeutsamen Faktor dar, so die Umfrageergebnisse von Wald/Athanas. Lediglich die Hälfte der Studienteilnehmer beurteilen die ihnen bereit-gestellten Informationen über Job und Unternehmen als aussagekräftig. Hinsichtlich der weiteren Kommunikationsinhalte, wie Unternehmenskultur, Kollegen und Work Life Balance, die zu den „weichen" Themen gehören, gelingt es den Unternehmen nur in jedem zweiten Fall aussagekräftig zu kommunizieren.[150] 85 % der befragten Teilnehmer halten zudem ihre persönliche kulturelle Passung zum zukünftigen Arbeitgeber für wichtig.

Nur 40 % der Unternehmen gelingt es allerdings, den Kandidaten im Bewerbungsprozess die eigene Kultur richtig zu vermitteln. Andererseits übertreffen wiederum 25 % der Unter-nehmen die Erwartungen der Kandidaten, nachdem sie eingestellt wurden.[151]

Sehr bedeutsam im Zusammenhang mit den aufgeführten Wünschen und Erfahrungen ist der Faktor „Nutzen". Was haben die Unternehmen davon, in einen professionellen Onboarding-Prozess zu investieren und die Wünsche und Erwartungen der Neu-beschäftigten zu berücksichtigen?

---

[148] Vgl. Wald/Athanas, 2016, S. 25.
[149] Vgl. dsb., S. 27.
[150] Vgl. dsb., S. 35.
[151] Vgl. Wald/Athanas, 2016, S. 39.

Einleitend an dieser Stelle wird die Bekundung von Bruhn/Strauss über die Definition der Mitarbeiterbindung erwähnt, dass diese ökonomisch relevant wird, wenn die Leistungs-bereitschaft der Mitarbeiter positiv beeinflusst werden kann.[152]

In der Umfrage von Stockhausen/Scholl wird erläutert, dass mittlerweile vielen bewusst geworden ist, dass es lohnenswert ist, gute Mitarbeiter zu halten. Denn andererseits zeigen Berechnungssätze ungewollter Fluktuation, dass das frühzeitige Verlassen eines Mitarbeiters mit erheblichen Fehlinvestments verbunden ist. Der Aufwand und das Investment, einen eingearbeiteten Mitarbeiter zu halten, sind wesentlich geringer, als die Kosten, die mit einer Neubesetzung verbunden sind. Diese können sich auf sechs bis 24 Monatsgehältern belaufen.[153]

Mitarbeiter, die eine strukturierte Integration genossen haben, verbleiben mit höherer Wahrscheinlichkeit im Unternehmen, so Hölscher. Diese Aussage trifft sie anhand der Studie der Wynhurst Group, die bestätigt, dass 58 % der Mitarbeiter mit einem Onboarding auch noch drei Jahre später dem Unternehmen erhalten bleiben.[154]

Haufe kommt in ihrer Studie zu dem Ergebnis, dass die Frühfluktuation und damit die Kosten für eine Neurekrutierung durch Onboarding-Maßnahmen verringert werden können. Ebenfalls 58 % der Befragten kommen zu diesem Entschluss.[155]

In der JobStairs Umfrage hat Pauls nach dem Nutzen gefragt, warum Onboarding-Maßnahmen eingesetzt werden. Hierbei waren sich die befragten Unternehmen größtenteils einig. Mit 88 % sehen die befragten Teilnehmer die hohe Bedeutung in den Onboarding-Maßnahmen darin, dass eine Stärkung des Zugehörigkeitsgefühls bei dem neuen Mitarbeiter erreicht wird. Auch das schnellere Erreichen einer produktiven Arbeitsweise zählte zu den häufigsten Antworten (84 %). Gleichzeitig ist bei 76 % der befragten Unternehmen die Verkürzung der Einarbeitungszeit ein primärer Nutzen. 64 % der Studienteilnehmer sehen die Verringerung der Fluktuation sowie die Erhöhung der Arbeitgeberattraktivität als Grund für den Einsatz von Onboarding-Aktivitäten.[156]

---

[152] Vgl. Bruhn/Stauss, 2010, S. 235.
[153] Vgl. Stockhausen/Scholl, 2010, S. 5.
[154] Vgl. Hölscher, 2017, S. 2.
[155] Vgl. Haufe, 2017, S. 4.
[156] Vgl. Erben, 2013.

In der „Engagement Index Deutschland 2016"-Studie von Gallup zeigt Nink den Nutzen bei einer Steigerung der emotionalen Bindung auf. Die gesteigerte emotionale Bindung kann wiederum auf einen professionellen Onboarding-Prozess zurückgeführt werden.

In Zahlen ausgedrückt würde bspw. der höhere Anteil der emotional hoch gebundenen Mitarbeiter eine enorme Kostenentlastung hinsichtlich der krankheitsbedingten Fehltage ausmachen. 6,5 Tage haben die hoch Motivierten nach ihren eigenen Angaben in den vergangenen 12 Monaten krankheitsbedingt gefehlt. 10,3 Tage im Durchschnitt sind es dagegen bei den innerlich gekündigten Mitarbeitern. Eine Beispielrechnung von Nink zeigt, dass, wenn die Fehlzeit der emotional hoch gebundenen Mitarbeiter mit 6,5 Tagen auf die gesamte Belegschaft reduziert würde, ein Unternehmen mit 2.000 Mitarbeitern ca. 407.000 € jährlich an Kosten einsparen würde. Bei einer Mitarbeiterzahl von 30.000 läge die jährliche Einsparung sogar bei über 6 Mio. €.[157] Ähnlich sieht es bei den Fluktuationskosten aus. Auf Basis der Umfrageergebnisse ergeben sich jährliche Fluktuationskosten in Höhe von 2,7 Mio. € bei einer Unternehmensgröße mit 2.000 Mitarbeitern. Reduziert ein Unternehmen dieser Größe den Anteil der Mitarbeiter ohne Bindung um 5 % und erhöht gleichzeitig den Anteil seiner stark gebundenen Mitarbeiter um 5 %, so würde sich eine Kosteneinsparung von über 330.000 € ergeben.[158] Berkemeyer stellt in seiner Kommentierung zur Gallup-Studie abschließend fest, dass eine kennzeichnende Erhöhung der emotional hoch gebundenen Mitarbeiter eine enorme positive Strahlkraft des Unternehmens bewirken würde. Die Unternehmen würden sich damit langfristige Vorteile im Wettbewerb erarbeiten.[159]

Dieses Kapitel verdeutlicht, welcher Umfang hinter den Erwartungen und Bedürfnissen der Bewerber einerseits und den tatsächlichen Erfahrungen andererseits steht. Vor diesem Hintergrund wurden hierfür nicht mehr als sieben Studien analysiert. Eine genügende Aussagekraft kann dennoch abgeleitet werden. Weitere untersuchte, aber hier nicht aufgeführte Umfrageergebnisse finden zu den vorgenannten Studien viel Übereinstimmung (bspw. Softgarden Studie: „Führungskräfte und Kollegen im Onboarding", Mühlenhoff & Partner Studie: „Trend, Chancen,

---

[157] Vgl. Nink, 2017, S. 44.
[158] Vgl. dsb., S. 47 f.
[159] Vgl. www.berkemeyer.net.

Risiken, Mitarbeiter in der Probezeit" und Schörger et al. Studie: „Onboarding von Auszubildenden – Welche Maßnahmen erleichtern den Ausbildungsbeginn").

Die Erwartungen auf Seiten der Bewerber bzw. der neuen Mitarbeiter sind laut den Umfrageergebnissen häufig sehr ähnlich. Es kann festgehalten werden, dass die weichen Faktoren für eine erfolgreiche Mitarbeiterintegration und eine damit verbundene emotionale Bindung an das Unternehmen die wichtigste Rolle spielen.

Betriebsklima, das Arbeitsumfeld, die Unternehmenskultur und Wertschätzung sind die Schlüsselwörter, die am häufigsten im Hinblick auf die Bedürfnisse und Erwartungen genannt wurden. Diese sozialen Maßnahmen haben den größten Einfluss auf die Anpassung an das Unternehmen. Zudem zählt die Feedbackkultur zu den höchsten Prioritäten der Mitarbeiter.

Die Erfahrungswerte aus den vorliegenden Studien belegen allerdings, dass „Wunsch und Wirklichkeit" nicht immer übereinstimmen. Die zunehmende Bedeutung der Mitarbeiter-bindung ist einigen Unternehmen sehr wohl bewusst, allerdings hapert es trotzdem teilweise an der Umsetzung. Die Studienteilnehmer müssen häufig eine mangelhafte Eingliederungs-phase erfahren mit wenigen überzeugenden Prozessen und Akteuren auf Seiten der Unternehmen.

Hinsichtlich des Nutzens eines Onboarding-Prozesses belegen Rechnungen, dass eine erfolgreiche Integration ein hohes Einsparpotential hat. Andererseits bedeutet eine Fehl-besetzung eine nicht unerhebliche Kostenbelastung. Die gewählten Umfragen kommen demnach zum selben Ergebnis: Onboarding ist für die Unternehmen ein enorm wichtiger monetärer Faktor.

## 5 Fazit

„Nach dem Recruiting ist vor dem Recruiting." Mit dieser Aussage wird deutlich, dass das Thema Onboarding immer mehr an Bedeutung gewinnt. Grund hierfür ist u.a. der akute Fachkräftemangel. Ein Großteil der Arbeitnehmerschaft trifft seine Entscheidung über den Verbleib im Unternehmen bereits in den ersten 100 Tagen. Vor diesem Hintergrund sollte mittels der vorliegenden Studienergebnisse dargelegt werden, ob effektives Onboarding der Grund für eine lange Verweildauer der Mitarbeiter im Unternehmen sowie für eine hohe Leistungsentfaltung dieser ist.

Die hohen Fluktuationsquoten und die dafür aufgezeigten Gründe belegen allerdings, dass die Wichtigkeit eines professionellen Integrationsprozesses (noch) nicht von allen Unternehmen verinnerlicht ist. Einer der Hauptgründe für eine fehlgeschlagene Integration liegt in den nicht erfüllten Erwartungen.

Der Nutzen eines umfassenden Integrationsprogramms ist bereits vielseitig bekannt. Mitarbeiterbindung, hohes Engagement, schnelle Produktivität und eine bessere Anpassung an das Unternehmen sind die häufigen Beweggründe für den Einsatz von Onboarding-Maßnahmen. Doch die Verfolgung einer klaren Strategie bleibt dennoch in einigen Unternehmen aus.

Der Start in einem neuen Unternehmen löst bei Arbeitnehmern eine Vielzahl von psychologischen Prozessen aus. Diese kommen anhand der vorliegenden Aussagen der Studienteilnehmer zum Vorschein. Insbesondere geht es den Mitarbeitern um die soziale Integration.

Aus den Ergebnissen der vorliegenden Umfragen kann abgeleitet werden, dass die Schlüsselbegriffe Mitarbeiter-/Arbeitszufriedenheit, Mitarbeitermotivation, Mitarbeiterleistung und Mitarbeiterbindung in einer engen Verkettung zueinander stehen. Sie sind jeweils eine Folge des vorstehenden Begriffs. Umgekehrt gilt dementsprechend, dass eine positive Einflussnahme ausbleibt, wenn die anderen Faktoren nicht erfüllt sind. Wird der Neubeschäftigte demnach von Anfang an „abgeholt", erfährt konstante Wertschätzung und Transparenz durch kontinuierliche Kommunikation hinsichtlich seiner Leistungen und der Unternehmenskultur, wandelt sich die anfängliche Unsicherheit schnell in ein Zusammengehörigkeitsgefühl um. Der Mitarbeiter kann sich zügig mit dem Unternehmen identifizieren und erhält einen Motivationsschub, der positive Effekte auf seine Arbeitsleistung zeigt. Das affektive Commitment, also das emotionale Bindungsgefühl des Mitarbeiters, ist dabei von großer Bedeutung. Ein professionelles Onboarding ist eine hohe Investition in Zeit, Geld und Ressourcen. Diese ist allerdings sowohl für den Mitarbeiter als auch für das Unternehmen lohnenswert. Kostenintensive Neurekrutierungen und unbesetzte Stellen lassen sich vermeiden. Der neue Mitarbeiter ist zufrieden und verspürt eine starke Verbundenheit zu seinem Arbeitgeber.

Abschließend kann eine Verbindung zwischen effektivem Onboarding und einer Mitarbeiterbindung sowie –performance hergestellt werden. Laut einschlägiger Fachliteratur und den Forschungsergebnissen wird durch ein gut ausgearbeitetes Onboarding die frühzeitige Bindung an das Unternehmen gestärkt sowie eine volle Leistungsentfaltung seitens der Mitarbeiter gewährleistet.

Zu beachten ist allerdings, dass sämtliche hinzugezogene Quellen ihren Schwerpunkt auf die Investitionen und Pflichten der Unternehmen legen. Aber ist Onboarding denn eine „Einbahnstraße"? Wenn der Neubeschäftigte (ob bewusst oder unbewusst) nicht zu 100 % gewillt ist, sich auf neue Gegebenheiten, Regeln, Kulturen und Charakteren einzulassen und positiv daran mitzuwirken, hat der neue Arbeitgeber dann überhaupt eine Chance, ihn erfolgreich zu integrieren? Ein weiterer Forschungsbedarf könnte demnach darin gesehen werden, die Pflichten der neuen Mitarbeiter zu ergründen. Welche Eigenschaften muss ein Neubeschäftigter mitbringen, damit ein Onboarding-Prozess erfolgreich abgeschlossen werden kann? Denn möglicherweise liegt der Grund einer gescheiterten Integration nicht immer nur im „Fehlverhalten" der Unternehmen.

Beendet wird diese Arbeit mit folgendem Zitat:

„Die Investition in ein wirkungsvolles Onboarding ist eine Investition in den nachhaltigen Aufbau von Mitarbeitern, die Steigerung ihrer Moral und der Produktivität."[160]

---

[160] Lee, 2008, zitiert nach Katzenschläger, 2014, S. 82 (Bachelorarbeit).

# Anhang

| | Checkliste: Mitarbeiterintegration | Erledigt |
|---|---|---|
| 1. Vorbereitung | Ist der Arbeitsplatz vorbereitet | |
| | Haben Sie die Kollegen unterrichtet? | |
| | Haben Sie die Einarbeitung einem >>Paten<< übertragen? | |
| | Haben Sie sich Zeit für die Einarbeitung genommen? | |
| 2. Begrüßung | Haben Sie ein Gespräch über die künftige Zusammenarbeit geführt? | |
| | Haben Sie einen Überblick über die Firmenorganisation gegeben? | |
| | Haben Sie die Schwerpunkte der Stelle benannt? | |
| | Haben Sie Firmenzeitschrift, das Leitbild und sonstige Unterlagen ausgehändigt? | |
| 3. Vorstellung | Haben Sie den nächsthöheren Vorgesetzten bekannt gemacht? | |
| | Haben Sie die Kollegen bekannt gemacht? | |
| 4. Orientierung | Haben Sie den Arbeitsplatz, die Garderobe, die Sanitärräume gezeigt? | |
| | Haben Sie auf Sanitätsräume (Erste Hilfe) hingewiesen? | |
| | Haben Sie die Kantine gezeigt und Modalitäten (Essensmarken etc.) erläutert? | |
| | Haben Sie alle Schlüssel ausgehändigt? | |
| | Haben Sie die Karte für die Zeiterfassung ausgehändigt? | |
| | Haben Sie Visitenkarten bestellt? | |
| | Haben Sie den Mitarbeiter als neuen EDV-Benutzer angemeldet? | |
| | Haben Sie die Materialbestellung erklärt? | |

Anhang

| | | |
|---|---|---|
| 5. Information | Haben Sie die Sicherheitsvorschriften erläutert? | |
| | Haben Sie das schwarze Brett gezeigt? | |
| | Haben Sie das Verhalten bei Unfall und Krankheit erläutert? | |
| | Haben Sie über Arbeitszeiten, Pausen und Urlaubsreglung gesprochen? | |
| | Haben Sie das betriebliche Vorschlagswesen erläutert? | |
| | Haben Sie über Betriebsrat, weitere Vertretung und Beauftragte informiert? | |
| | Haben Sie auf weitere betriebliche Einrichtungen (Bücherei, Sport etc.) hingewiesen? | |
| 6. Einarbeitung | Haben Sie die Stellenbeschreibung ausgehändigt? | |
| | Haben Sie die Arbeitsabläufe erklärt? | |
| | Haben Sie die Arbeitsergebnisse besprochen? | |
| | Haben Sie Ziele definiert? | |
| | Haben Sie Ihre Erwartungen deutlich gemacht? | |
| 7. Kontrolle | Haben Sie am Ende des ersten Arbeitstages ein Feedback-Gespräch geführt? | |
| | Haben Sie nach einer Woche ein Feedback-Gespräch geführt? | |
| | Haben Sie nach vier Wochen ein Feedback-Gespräch geführt? | |
| | Haben Sie nach drei Monaten ein Feedback-Gespräch geführt? | |
| 8. Beurteilung | Haben Sie die Eignung/Nichteignung innerhalb der Probezeit festgestellt? | |
| | Haben Sie eine Probezeitbeurteilung durchgeführt? | |
| | Haben Sie die Ergebnisse der Beurteilung besprochen? | |
| | Haben Sie Fortbildungsmaßnahmen geplant? | |

Tabelle 2 - "Checkliste"
Eigene Darstellung in Anlehnung an Möllhoff, 2001, zitiert nach Pürstinger, 2013[161]

---

[161] Vgl. Möllhoff, 2001, zitiert nach Pürstinger, S. 7.

## Literaturverzeichnis

Amadeus Fire Personaldienstleistungen. (2015). *Feedbackkultur im Unternehmen und Zufriedenheit von Mitarbeitern*. Studie. Abgerufen am 17. Juli 2018 von https://www.amadeus-fire.de/fileadmin/user_upload/Auswertung_Ministudie_AmadeusFire_v1.5_web.pdf

Ammon, S. (2005). *Commitment, Leistungsmotivation, Kontrollüberzeugung und erlebter Tätigkeitsspielraum von Beschäftigten in Unternehmen und Behörden im Vergleich*. Münster: LIT.VERLAG Berlin.

Aygen, N. (2015). *Die besten für den Vertrieb - So nutzen Sie erfolgreiche Sales-Strategien zur Rekrutierung von Top-Mitarbeitern*. Wiesbaden: Springer Gabler.

Bartscher, T., & Nissen, R. (2017). *Personalmanagement - Grundlagen, Handlungsfelder, Praxis* (2. Ausg.). Hallbergmoos: Pearson Deutschland GmbH.

Becker, M. (2009). *Wandel aktiv bewältigen! Empirische Befunde und Gestaltungshinweise zur reifegradorientierten Unternehmensführung und Personalentwicklung*. München: Rainer Hampp Verlag.

Berkemeyer, R. (22. März 2017). *Gallup-Studie*. Fachbeitrag, Berkemeyer Unternehmensbegeisterung. Abgerufen am 1. August 2018 von http://berkemeyer.net/news/gallup-studie/

Berkenheide, M. (2015). *Mitarbeiterbindung in Unternehmen*. Hamburg: Diplomica Verlag GmbH.

Bott, P., Helmrich, R., & Zika, G. (2011). *Fachkräftemangel bei Fachkräften? Eine Klärung arbeitsmarktrelevanter Begrifflichkeiten*. Abgerufen am 12. Juli 2018 von https://www.bibb.de/veroeffentlichungen/de/publication/download/6667

Brenner, D. (2014). *Onboarding - Als Führungskraft neue Mitarbeiter erfolgreich einarbeiten und integrieren*. Wiesbaden: Springer Gabler.

Bröckermann, R. (2003). *Personalwirtschaft* (3. Ausg.). Stuttgart: Schäffer-Poeschel.

Bruhn, M., & Stauss, B. (2010). *Forum Dienstleistungsmanagement - Serviceorientierung im Unternehmen.* Wiesbaden: GWV Fachverlage GmbH.

Bundesagentur für Arbeit. (2011). *https://www3.arbeitsagentur.de/web/wcm/idc/groups/public/documents /webdatei/mdaw/mtaw/~edisp/l6019022dstbai398619.pdf?_ba.sid=L6019 022DSTBAI398622.* Abgerufen am 12. Juli 2018

Christiansen, L., & Stein, M. (2010). *Succesful Onboarding.* USA.

Eckelt, W. (2014). *Bindungswirksamkeit von Personalrekrutierungsmaßnahmen von High Potentials in der Automobilindustrie.* Dissertation.

Eilers, S., Möckel, K., Rump, J., & Schabel, F. (2015). *HR-Report 2015/2016 - Schwerpunkt Unternehmenskultur.* Studie, Hays AG. Von http://www.ibe-ludwigshafen.de/download/arbeitsschwerpunkte-downloads/trends-der-arbeitswelt-downloads/HR-Report-2015-2016_Unternehmenskultur_2.pdf abgerufen

Einramhof-Florian, H. (2017). *Die Arbeitszufriedenheit der Generation Y.* Wiesbaden: Springer.

Erben, D. (2013). *Willkommen an Bord: Onboarding ist in vielen Großunternehmen fester Bestandteil der Personalarbeit.* Studie, JobStairs. Abgerufen am 2. Juli 2018 von http://www.jobstairs.de/customers/jobstairs/pdf/130619_PM_Willkom men_an_Bord_Onboarding_Umfrage.pdf

Ernst & Young. (2011). *Agenda Mittelstand, Talent Management im Mittelstand - mit innovativen Strategien gegen Fachkräftemangel.* Abgerufen am 12. Juli 2018 von http://www.ruconcept.de/wp-content/uploads/2012/04/EY-Talent-Management-2011_Studie-Ernst-Young.pdf

Franz, R. (2011). *Auswirkungen der Mitarbeiterzufriedenheit auf die Kundenzufriedenheit im Dienstleistungssektor.* Bremen: Europäischer Hochschulverlag GmbH & Co. KG.

Haufe Gruppe. (2017). *Onboarding - Umfrage 2017.* Studie. Abgerufen am 27. Juni 2018 von https://www.haufe.de/personal/hr-management/umfrage-zum-onboarding-in-unternehmen_80_396926.html

Heinicke, K. (2013). *Sozialisationscontrolling: So gelingt die Integration neuer Mitarbeiter.* Hamburg: Diplomica Verlag.

Hiekel, A., & Neymanns, T. (2011). *Neue Mitarbeiter an Bord nehmen.* Studie, meta five GmbH. Von https://www.meta-five.com/download/fachartikel/Onboarding_Studie_meta_five.pdf abgerufen

Hölscher, D. (2017). *Psychologische Faktoren im Onboarding - Onboarding in der Arbeitgeber-Arbeitnehmer-Beziehung.* Fachbeitrag, prosoft HR Blog. Abgerufen am 27. Juni 2018 von https://hr-blog.prosoft.net/psychologische-faktoren-im-onboarding/

Janssen, H. (2012). *Die besten Mitarbeiter erfolgreich gewinnen, entwickeln und halten* (1. Ausg.). Zürich: Praxium-Verlag.

Katzenschläger, S. (2014). *Onboarding - Integration neuer Mitarbeiter.* Bachelorarbeit, Gallneukirchen.

Kiel, C. (11. August 2015). *Retention Management: Wie Sie gute Mitarbeiter langfristig halten.* Fachbeitrag, Digitaler Mittelstand. Abgerufen am 9. August 2018 von https://digitaler-mittelstand.de/trends/ratgeber/retention-management-gute-mitarbeiter-langfristig-halten-11957

Klaiber, S. (2018). *Organisationales Commitment - Der Einfluss lernförderlicher Aspekte bei der Arbeit auf die Mitarbeiterbindung.* Wiesbaden: Springer VS.

Knecht, S. (2016). *Personalgewinnung in Zeiten des Fachkräftemangels* (2. Ausg.). Wiesbaden: Springer Gabler.

Kowalzik, U. (2005). *Erfolgreiche Personalentwicklung: Was Pflegeeinrichtungen und -dienste dafür tun können.* Hannover: Schlütersche.

Krömer, A., Graskamp, F., Bauroth, F., Castritius, J., & Stein, S. (2017). *Onboarding in den Unternehmen der NUG-Industrie.* Studie, TOPOS Personalberatung.

Loffing, D., & Loffing, C. (2010). *Mitarbeiterbindung ist lernbar: Praxiswissen für Führungskräfte in Gesundheitsfachberufen.* Berlin Heidelberg: Springer Verlag.

Lohaus, D., & Habermann, W. (2015). *Integrationsmanagement - Onboarding neuer Mitarbeiter* (2. Ausg.). Göttingen: Vandenhoeck & Ruprecht GmbH & Co. KG.

Lorenz, M. (2013). *Praxishandbuch Mitarbeiterführung: Grundlagen, Führungstechniken, Gesprächsleitfäden.* Freiburg: Haufe.

Mentzel, W., Grotzfeld, S., & Haub, C. (2014). *Mitarbeitergespräche erfolgreich führen* (11. Ausg.). Freiburg: Haufe-Lexware GmbH.

Moser, K., Soucek, R., Galais, N., & Roth, C. (2018). *Onboarding - Neue Mitarbeiter integrieren* (1. Ausg.). Göttingen: Hogrefe Verlag GmbH & Co. KG.

Neges, G., & Neges, R. (2007). *Führungskraft und Mitarbeiter.* Wien: Linde.

Nerdinger, F., Wilke, P., Stracke, S., & Drews, U. (2016). *Innovation und Personalarbeit im demografischen Wandel.* Wiesbaden: Springer Gabler.

Nicolai, C. (2017). *Personalmanagement* (4. Ausg.). Konstanz: UVK Verlagsgesellschaft mbH.

Nink, M. (2016). *Engagement Index Deutschland 2016.* Studie, Gallup GmbH.

o.V. (2008). *Trend, Chancen, Risiken. Mitarbeiter in der Probezeit.* Studie, Mühlenhoff + Partner Managementberatung GmbH. Abgerufen am 30. Juli 2018 von http://www.muehlenhoff.com/nc/presse/nachrichten/article/trend-chancen-risiken-mitarbeiter-in-der-probezeit.html

Pauls, L. (2017). *Onboarding neuer Mitarbeiter in kleinen und mittleren Unternehmen.* Studie, Wirtschaftsförderungsgesellschaft Nordfriesland mbH. Abgerufen am 3. August 2018 von https://www.wfg-nf.de/wirtschaftsfoerderung-nordfriesland-wAssets/docs/Publikationen/Detaillierte_Ergebnisse_Onboardingumfrage.pdf

Preißing, D. (2014). *Erfolgreiches Personalmanagement im demografischen Wandel* (2. Ausg.). München: Oldenbourg Wissenschaftsverlag GmbH.

Pürstinger, R. (2013). *Programm zur Integration neuer Mitarbeiter.* Abgerufen am 17. Juli 2018 von http://www.pmp.co.at/pmp/wp-content/uploads/2013/12/hb_04_01_programm_integration_neue_ma1.pdf

Schiffer, O. (2017). *Onboarding - Optimale Einarbeitung für neue Mitarbeiter.* Wroclaw, Polen.

Schmidt, K. (2014). *Onboarding - Die Integration neuer Mitarbeiter in die Organisation.* Hamburg: Diplomica Verlag GmbH.

Scholz, C. (2011). *Grundzüge des Personalmanagements.* München: Verlag Vahlen.

Schöngen, K. (2003). *Ausbildungsvertrag gelöst = Ausbildung abgebrochen?* Studie, Bundesinstitut für Berufsbildung. Abgerufen am 2. August 2018 von https://www.bibb.de/veroeffentlichungen/de/bwp/show/828

Schörger, J., Rausch, A., & Neubauer, J. (2013). *Onboarding von Auszubildenden - Welche Maßnahmen erleichtern den Ausbildungsbeginn?* Studie, Bundesinstitut für Berufsbildung. Abgerufen am 3. Juli 2018 von https://www.bibb.de/veroeffentlichungen/de/bwp/show/7038

Sebald, H., Enneking, A., Denison, K., & Richter, T. (2007). *Was Mitarbeiter bewegt zum Unternehmenserfolg beizutragen - Mythos und Realität.* Studie, Towers Perrin. Abgerufen am 27. Juni 2018 von https://www.dgfp.de/hr-wiki/Was_Mitarbeiter_bewegt_zum_Unternehmenserfolg_beizutragen_-_Mythos_und_Realit%C3%A4t_-_Global_Workforce_Study.pdf

softgarden e-recruiting GmbH. (2018). *Die ersten 100 Tage im Job aus Sicht der Bewerber - Probezeit für Arbeitgeber.* Studie. Abgerufen am 23. Juli 2018 von https://go.softgarden.de/studie-probezeit-fuer-arbeitgeber

Statistisches Bundesamt. (28. April 2015). Destatis. *Bevölkerung Deutschlands bis 2060 - 13. koordinierte Bevölkerungsvorausberechnung.* (Statistisches Bundesamt, Hrsg.) Wiesbaden. Abgerufen am Juli 2018 von https://www.destatis.de/DE/Publikationen/Thematisch/Bevoelkerung/VorausberechnungBevoelkerung/BevoelkerungDeutschland2060Presse5124204159004.pdf?__blob=publicationFile

Stockhausen, A., & Scholl, H. (2011). *Mitarbeiterbindung: Was wird getan - was kann man tun?* Studie, Klaus Lurse Personalmanagement / reflact AG. Abgerufen am 4. August 2018 von http://www.reflact.com/wp-content/uploads/2011/05/reflact_Mitarbeiterbindung_110513.pdf

Wald, P., & Athanas, C. (2016). *Candidate Journey Studie 2017.* Studie, meta HR Unternehmensberatung GmbH / stellenanzeigen.de, Berlin/München. Abgerufen am 3. Juli 2018 von https://www.rbw.de/candidate-journey-studie-2017.pdfx

Wien, A., & Franzke, N. (2013). *Systematische Personalentwicklung - 18 Strategien zur Implementierung eines erfolgreichen Personalentwicklungskonzepts.* Wiesbaden: Springer Gabler.

Wikipedia. (13. Februar 2016). *https://de.wikipedia.org/wiki/Onboarding.* Abgerufen am 11. Juli 2018

Wikipedia. (18. Juni 2018). *Corporate Identity.* Abgerufen am 14. Juli 2018 von https://de.wikipedia.org/wiki/Corporate_Identity

Wilke, C. (2016). Demografie und Arbeitsmarkt. *Wirtschaftsdienst*(Heft 3), S. 220-222. Abgerufen am Juli 2018 von https://archiv.wirtschaftsdienst.eu/jahr/2016/3/demografie-und-arbeitsmarkt/

Wolf, G. (2013). *Mitarbeiterbindung - Strategie und Umsetzung im Unternehmen.* Freiburg: Haufe-Lexware.

Wollmilchsau GmbH. (2018). Abgerufen am 31. Juli 2018 von https://wollmilchsau.de/karrierewebseiten/candidate-journey-studie-2017/

Wolter, U. (16. Mai 2018). *Personalwirtschaft.* Abgerufen am 1. August 2018 von https://www.personalwirtschaft.de/recruiting/artikel/arbeitgeber-muessen-sich-beim-onboarding-mehr-anstrengen.html

YourCareerGroup. (kein Datum). *hotelcareer.* Abgerufen am 15. Juli 2018 von https://www.hotelcareer.de/blog//probearbeiten-tipps/